取締役会での議論に使える

会計・ファイナンス

取締役・監査役のための実践的な基礎知識

はじめに

取締役会に社外役員として出席していて感じるのは、「うちのＣＦＯや監査法人がＯＫしてるなら大丈夫だろう」とか、「公認会計士が提案してきたものだから問題なかろう」といった他責の空気です。２０１５年に導入されたコーポレートガバナンス・コード（以下、ＣＧコードといいます）では、取締役会における審議の活性化が謳われているものの、こんな調子では骨抜きも同然だと痛感しています。

ＣＧコードにおいては、上場会社に対して財務政策を重視することを求めていますが、そもそも財務政策の土台となるのは会計です。財務政策は、主にマネジメント層の意思決定によって企業活動を方向づけるものですが、そのような企業活動を貨幣の流れとして捉えるのが会計です。その会計のアウトプットたる財務諸表が一定のルールに従って作られている以上、そのルールの理解がマネジメント層にとっても不可欠であることはいうまでもありません。

さらにＣＧコードへの具体的な対応策として、ＲＯＥや政策保有株式、役員報酬等の財務関連については常に関心を持っておく必要があります。「技術畑で育ってきたので会計についてはわかっている人だけで決めてください」などという態度は通用しなくなってきています。

取締役会において、出席する役員が自己の管掌する部門に関する審議以外には関心を持っておらず、会計処理の適切性に関する審議や、自社の財務諸表に重大な影響を及ぼす案件に関する審議が十分になされていないのではないか、と感じる機会は少なくありません。もしそうだとすれば、まさに役員による「会計ガバナンス」に欠陥がある証左でありましょう。

では、取締役のみならず、監査役や執行役員も含めて会計リテラシーの底上げを図りましょう、CFOや経理部長、財務部長任せにするのは止めましょう、といったところで、何をどこまで理解したらいいのかは非常に難しいといえます。

というのも、町中に溢れている会計本では、決算書の読み方とか経営分析の仕方は学べますが、マネジメント層が読むには物足りないと申しますか、上場会社における会計の本質には迫れていないものばかりという印象は否めません。かといって会計の専門家が参照するような専門書では難解すぎて手に取りにくく、おそらく早々に挫折してしまうでしょう。

そこで、本書においては上場会社のマネジメント層に知っておいてほしい会計やファイナンスの実践的な知識をまとめることとしました。取締役会において会社の意思決定をするにあたって重要と判断した6項目をピックアップし、それらについて極力会計の専門用語は避けつつ、平易な解説と留意すべき点を述べさせていただきました。その意味では、より実践的かつ解像度の高い会計本に仕上がったという自負があります。

単なる複式簿記の仕組みや開示のルールを知っているというだけではなく、会計の特性というものを〝誤解のないように〟理解するということが必要です。改めて、マネジメント層が会計スキルを有する必要があると私が考える理由を、大きく3分類すると次のようになります。

■不正会計の防止

企業が起こす不正についていえば、品質問題とか個人情報の流出、独占禁止法違反、労務問題など様々なものがありますが、金額ベースでの断トツ一位が不正会計(粉飾)です。なぜ不正会計が起こるのかということは、位相を変えればなぜ不正会計が可能なのかということであり、よって、不正な会計を可能たらしめる会計ルール及びその勘所を押さえておくことは重要だと考えます。

不正会計に走らせる根本原因の多くは、業績を上げることに重きを置く企業文化というところにあります。業績を上げることは成長をしていくために重要ですし、その企業文化を否定するつもりはないですが、そうであるならば、より一層のリスク管理体制の強化が必要になります。その体制構築の責任の所在がどこにあるかはいうまでもありません。

■経済事象の会計的インパクトの把握

自社に大きな買収案件が巡ってきたとしましょう。買い手企業の役員の立場で、その買収価格の適正さはどうやって判断するのでしょうか。その合理的な尺度は何でしょうか。その価格での買収は、会計上どのようなインパクトを及ぼすでしょうか。M＆Aの際には必ず意識すべき、のれんの減損リスクに思いは至ったでしょうか。

そういった会計スキルや財務のノウハウが判断尺度の一つとして思考の中にビルトインされているということ、それこそがマネジメント層に必要となる〝使える〟会計知識であり、ファイナンススキルでしょう。

もちろん、会計知識を悪用して、役員が経営責任を回避するために「会計上の見積り」を利用するなんてことはあってはいけません。

■企業価値の向上

収益力を高める、財務基盤を安定化させるなどの企業価値向上策は分かりやすいものですが、ファイナンス的な尺度から企業価値を毀損させているものが何かを明らかにし、それを解消していくこと、すなわちネガティブ要素を取り除くことも企業価値向上に資する方策のひとつです。昨今、機関投資家等からより一層求められるようになっているのは、むしろこちらの方かもしれません。

さらに、非財務情報の開示の充実も声高に叫ばれるようになってきています。ＥＳＧのような定量的に測りにくいものも企業価値を構成しているのは確実です。ただ、それらは最終的には財務数値につながり「見える化」されることとなります。よって、企業価値は社会的価値と経済的価値の総和であるという意識を持つことが重要です。

以上を踏まえて、本書を最後まで通読してみてください。少し難解ではありますが、これが上場会社における会計面で求められる必要最低ラインの知識であるのが現実です。そこは上場会社のマネジメント層であるとの矜持をもって、乗り切っていただければと思います。

各章冒頭のイントロダクションは、いわば「つかみ」であって、実際の取締役会を想起させるものとなっております。クローズドといわれる取締役会という名の会議体の一端を垣間見ていただければと思います。

登場人物紹介

〈大河ｅａｒｔｈ株式会社の役員構成〉

■野村（代表取締役・取締役会の議長）
三顧の礼で当社社長に迎え入れられた、いわゆるプロ経営者。経営戦略論や組織論を得意とするも、常にぼやいているという癖がある。

■藤川（財務担当取締役）
新卒からずっと財務畑一筋で、途中で外資系企業に転職するが、当社に戻ってきたというキャリアを有する。ストレートな物言いが特徴。

■新庄（営業担当取締役）
憎めない誰からも愛される天然キャラで、入社3年目から常に営業成績はトップを継続している。細かいことにこだわらない、大雑把なタイプ。

■金本（社外取締役）

ぬるま湯体質だった当社に、外からの血を入れるべく5年前に当社に招聘された。性格はストイックそのもので、周りからは鉄人と呼ばれている。

Contents
目次

はじめに

第1章 ROEと資本コスト

File 01 ハードルレートを下回ったのはESG関連コストのせい？ 2
資本コストはWACCで計算される 4 ／ 企業価値の算出に用いられる資本コスト 10
株主資本コストの重要性を認識する 18 ／ ROICは伝家の宝刀か諸刃の剣か 24
さて、自社の資本コストは？ 30
Column ROEとESGの相克 34

第2章 会計上の見積り

File 02 中期経営計画の見直しを機に、買収のれんの減損に直面 46
見積りの重要性 49 ／ 経営責任の問題に直結する固定資産の減損 53
繰延税金資産の回収可能性 62
Column のれんの減損 75

第3章　新株予約権

File 03　有償ストック・オプションの行使条件を判断する難しさ　84
新株予約権が活用される場面とは　87 ／ 無償ストック・オプション　89
株式報酬型ストック・オプションや有償ストック・オプション　97
資金調達手段としての新株予約権　102
Column　株式報酬制度について　109

第4章　連結会計

File 04　新規の得意先が会長の知り合いということで、連結対象か検討　118
連結は不正会計の温床　121 ／ 連結会計のルール――連結の範囲　131
連結会計のルール――資本連結　135 ／ 関連会社に適用する持分法　139
Column　海外子会社による不正の防止　144

第5章　組織再編

File 05　繰越欠損金のある子会社を合併すれば、税金が減って企業価値も向上？　154
組織再編の概要　156 ／ 組織再編の会計　160

会社分割と事業譲渡――効果は同じでも会計上の影響は異なる　162
子会社の吸収合併――実務上よく行われる取引　171　／　組織再編の税務　176
Column　組織再編税制を利用した租税回避行為　185

第6章　ＩＦＲＳ

File 06　グローバル展開していない会社でＩＦＲＳを適用する必要があるか　194
ＩＦＲＳの導入にあたって　197　／　財務諸表全体に関わる注意点　204
財政状態計算書に関連するもの　209　／　純損益及びその他の包括利益計算書に関連するもの　218
特有の処理が求められる科目に関連するもの　225
Column　では、自社においてもＩＦＲＳを採用すべきか　230

終章　エピローグ

おわりに
主な参考文献

第1章　ＲＯＥと資本コスト

ＲＯＥと資本コストは、２つの独立関数ではない。

File 01

ハードルレートを下回ったのはESG関連コストのせい?

取締役会議事録メモ　○月○日

金本　当社の鳴尾浜事業部においては、2期連続でROICが当社のハードルレートを下回っておりますが、何かテコ入れをしているのでしょうか。当社にとってのノンコア事業でもありますし、回復の見込みがなければベストオーナーへの事業売却等による撤退も視野に入れていかねばとも思うのですが。

藤川　この事業部に関しては、当社のESG関連コストを一手に背負ってしまっておりまして、そのコストを除外して考えればハードルレートを上回る業績を上げ続けているので、特に問題ないと考えております。

野村　うむ。当社のセグメント構成からいって、ESGに深く関連するのはそもそも鳴尾浜事業部だけだし、近年は投資家に対する一番のアピールがESGという始末だからなぁ。これが成熟産業の成れの果てなのか…(ぼやく)

金本　当社は一昨年から、事業部別ROICも当社独自のハードルレートも公表しています。やはり株主はこの数字を見れば、何か当社に対して色々と注文を付けてくると思いますよ。

新庄　ESGってぶっちゃけそんなに重要なんですか。こんな自由裁量的なコストを使うことで外部から文句を言われるくらいなら、とっととやめてくださいよ。我々営業が日々汗水流して稼いでいるお金がこんなところに使われているなんて…。

藤川　新庄取締役、その発言はちょっと撤回していただきたい。当社は成熟産業といわれるところに属しつつ、確かにここ5年くらい前から収益性が落ち込んできているものの、バランスシートのスリム化を図ることによりROICは一定程度を保ってきました。ここ数年同業他社は軒並み株価が下落しているにもかかわらず、当社だけが株価を上げ続けているのは、ひとえにESGをうまく投資家にアピールした賜物ではないでしょうか。

野村　その通りだ。今のESGブームに当社も乗っていくべきだし、ROICのような短期的指標のみに振り回されるのもどうかと思う。藤川取締役の当社株主及び他の投資家に対する獅子奮迅のアピールが、当社の今の株価の維持に繋がっていると思っている。昨今の同業他社を見ていると、「負けに不思議の負けなし」ということだ。

金本　それならば、ちゃんと鳴尾浜事業部とESGとの関係性についてや、今後の潜在的なものを含めたESG関連コストについても支出見込みの公表をしていきませんか。

資本コストはＷＡＣＣで計算される

■「ＲＯＥは8％を上回らなければならない」と言われる理由

ＲＯＥ8％という言葉が未だに独り歩きしています。これが公表されたのは2014年8月の通称「伊藤レポート」[※1]です。その後の2016年6月に公表されたコーポレートガバナンス・コード(以下、ＣＧコード[※2]といいます)においては、その2年後の改定において資本コストを意識した経営を推進することを経営陣に求めています。

このように、日本企業におけるコーポレートガバナンス改革の経済的帰結は、資本コストを上回る価値創造です。そしてその一つの目安が、ＲＯＥ8％を最低水準とし、それ以上の高い水準を目指すべきとする具体的な目標提示であったところです。

ＲＯＥ(Return on Equity)や**資本コスト**という概念は、ともにファイナンス理論を苦手としている方でも必ず押さえておかなければいけないものです。ＲＯＥというのは自己資本利益率、すなわち企業が**自己資本を用いていかに効率的に利益を計上しているか**を示す指標であり、資本コストは平たく言えば**企業が行う資金調達に要するコスト**のことです。

※1　一橋大学教授の伊藤氏を座長とする経済産業省が発表した報告書のことで、この報告書の中で、日本企業の経営者は最低限8％を上回るＲＯＥを達成することにコミットすべきであるとの提言が盛り込まれています。

※2　金融庁と東京証券取引所が共同で策定した、上場企業が企業統治においてガイドラインとして参照すべきとされている原則・指針であり、企業とステークホルダーとの望ましい関係性や取締役会のあるべき姿などについて記述された文章のことです。

ＲＯＥの計算式は、**当期純利益÷自己資本**によって示され、数値が高いほど効率的な経営を行っているということになります。例えば、同じ当期純利益1億円でも、自己資本10億円での利益1億円なのか、自己資本１００億円を使っての1億円なのかは、その意味合いが違ってくるというのは割とイメージしやすいかと思います。

■ＷＡＣＣとは何か

一方、資本コスト[※1]については、**ＷＡＣＣ**(Weighted Average Cost of Capital、ワックとよびます)を用いて計算されるのが一般的です。これは、**株主資本コスト**といわれる株式で資金調達する際に発生するコストと、**負債コスト**とよばれる借入金や社債で資金調達する際に発生するコスト(金利のこと)を**それぞれの時価で加重平均して求める**というもので、**加重平均資本コスト**とも呼ばれます。

ある新規の設備投資案件において資金調達をするに際して、その4割をデット(＝有利子負債)、6割をエクイティ(＝新株発行による資金調達)で行ったとした場合で考えます。その際の負債コストが2％、株主資本コストが8％だとしたら以下のように計算されます。

※1　資本コストというのは、資金提供者の側からの観点では、企業に対して期待するリターンということになります。負債コストである金利は債権者(銀行)の要求利回り、株主資本コストは株主の要求利回りとなります。

2％×（1－30％）×4割　＋　8％×6割　＝5・36％

これがWACCのざっくりした計算方法です。

ちなみにこの計算式では、負債コストである2％に対して（1－30％）を乗じています。これは負債コストである支払利息は税務上損金になり、節税効果を有するために（1－実効税率）[※2]を乗じています。それに対して、株主資本コストについては株主に対して配当金を支払ったとしても税務上の損金にはならず節税効果はないため（1－実効税率）を乗じることはしません。

■自社にとっての最適資本構成や望ましい資本コストを探る

負債コストと株主資本コストのどちらが大きいかというと、結論から言えば**株主資本コストの方が圧倒的に高い**です。「借入金は毎月金利負担が付いて回るし、それは損益計算書上でも支払利息として費用計上されている反面、うちの会社は利益が出ても無配としているから、うちに限っては負債コストの方が高いのだ」といった考えは完全な誤りです。

債権者と株主、どちらがより大きなリスクを負担しているかという観点からみると、

※2　実効税率とは、課税所得に対する実質的な税負担率のことです。法人の課税所得に対しては、法人税、住民税、事業税のそれぞれ表面税率が乗じられて計算されますが、そのうち事業税は損金になるため、実効税率はその分表面税率の合計よりも低くなります。

ここでは便宜上、実効税率を30％としております。

どうでしょうか。債権者は金銭消費貸借契約によって赤字が出てもきっちり元本と利息を返済してもらえる反面、株主は儲からなければ無配当であり、また株価も下落してしまうリスクを有します。さらに、会社が破産した場合、資産は優先的に債権者への返済に回り、株主には残余財産が分配されるに留まります。

このように、**株主の方が債権者よりもリスクを負担**しているわけであって、**その分会社に対する期待値も大きく**なります。それを会社の側からすると株主資本コストという形で認識する必要があるわけです。

「当社は無借金経営であることが誇りです」と発言する経営者がいます。その会社は財務的に健全であることは確かではありますが、その分、借入によって資金調達をしている同規模の会社に比して相対的に高い資本コスト[※1]を負担しているということを理解しての発言なのかという疑問が生じます。

そのあたりの目に見えないコストである**株主資本コストと負債コストとのバランス感覚**を持てるかどうかが、CGコードにおいても重要視されている資本政策（資本効率の目標実現）において肝になってくる部分になります。ですので、**自社なりの最適資本構成[※2]はどこにあるのか**といったところを模索する、いわゆる「貸借対照表の右側マネジメント」として、自社にとっての望ましい資本コストに収斂していく一点を模索する必要

※1　先ほどの設備投資案件の例でいうと、WACCが5・36％であるのに対して仮にすべてをエクイティで賄った場合は8％もの資本コストを負担することとなります。

※2　最適資本構成とは、企業価値を最大化するデットとエクイティの構成比のことです。

があるわけです。

■M&Aや設備投資の意思決定、減損会計など資本コストの利用場面は多い

さて、このWACCによって計算された資本コストが実際の実務において登場する場面はどこでしょうか。具体的には、**M&Aを行うに際しての企業価値評価の算出過程**※において**設備投資案件における意思決定の判断材料**として、この資本コストの概念は登場します。

また、**減損の測定**における場合の、将来キャッシュ・フローを割引現在価値に引き直す際の割引率としてもWACCは用いられます(第2章において解説)。後述するように、減損会計はそもそも大型の設備投資案件の失敗判定のための会計ルールですから、失敗を確認したら回収可能なところまで減額するというところにその趣旨があります。この場合の回収可能額の計算において用いられることとなります。

要するに、M&Aによって新たに会社を買ってくるにしても会社が新規に設備投資する場合においても、その**判断尺度は資本コストを上回る収益を上げているか、もしくは上げられるか**、です。よって、資本コストによって将来事業年度のキャッシュ・フローを割引計算することによって回収可能額の見込値を算出し、買収額や設備投資額の合理

※　バリュエーションを行うにあたって、最もスタンダードな評価方式であるDCF法の利用場面です。

性を担保していくこととなるわけです。

企業価値の算出に用いられる資本コスト

■企業価値の算出に割引率として使うのは資本コスト

企業価値というのは、将来キャッシュ・フローの現在価値の総和であるといわれますが、ここでは、**なぜ将来キャッシュ・フローを資本コストで割引計算するのか**の説明をしたいと思います。

まず現在価値についてですが、これはファイナンス理論の基本の基で、よく言われる『今の100万円と1年後の100万円どっちに価値があるか』問題です。

仮に利回りが年利で1％だとすると、現在の100万円は運用をすることで1年後には101万円となります。つまり、**リスクに見合う利回り**が1％であれば、現在の100万円と1年後の101万円は等価であるということになる、という有名な話が、この『今と1年後の100万円問題』になります。

企業は営利を目的として永続的に存続し、そのためにはキャッシュを生み続ける存在であるという前提のもと、そこで生み出される予定の将来キャッシュ・フローを資本コストによって割り引くことによって現在価値に引き直したもの、それがDCF法における企業価値ということになります。DCFは、ディスカウンテッド・キャッシュ・フローの略で、文字通り将来キャッシュ・フローをディスカウントするというものです。『今と1年後の100万円問題』では、主に無リスク利子率といって確実に将来得られる利回りで計算されるのが一般的です。一方で、**企業価値の算出については割引率に資本コスト**を用います。その理由は、企業価値の算出においては、**実際にはキャッシュ・フローを生み出せないリスクを含んだ調整値である必要**があるからです。

このように、割引率はリスクが高いほど上昇し、また後述しますが、割引率が大きいほど現在価値は小さくなります。そして、割引率には長期国債の金利のような無リスクの割引率もあれば、リスクを反映させた割引率もあり、**場面によって使い分ける**ということです。

例えば、企業会計において**退職給付引当金の金額を見積る**にあたっては、将来の従業員の退職により見込まれる退職金総額（退職給付見込額といいます）のうち、期末までに発生していると認められる額を現在価値に引き直して計算します。その際に用いられるのは**無リスクの割引率**になります。将来の退職金の現在価値を計算するにあたって、そこに変動リスクを考慮する必要性が乏しいためです。

それに対して、**企業価値を算出する際のDCF法**においては、将来キャッシュ・フローの現在価値を計算するにあたっては、(加重平均)**資本コストという一定のリスクを反映させた割引率**を使用することになります。

仮に、(加重平均)資本コストが5・36%であった場合、1年後の100万円の現在価値はおよそ95万円になりますし、5年後の100万円の現在価値はおよそ77万円になります。また、資本コストが1%上がって6・36%となった場合、元々180億円であった企業価値は、およそ150億円と15%以上も減少することとなります。このように、資本コストが企業価値に与える影響を数字感覚としてざっくり把握しておくことは重要です。

■持っているだけのキャッシュは企業価値を毀損させる

このように資本コストを考慮した場合、多くの会社において保有している手元キャッシュが5年後には8掛け以下となるという計算になります。仮に、過去から配当をせずに**内部留保によって溜め込んだ過剰なキャッシュ**で、特に設備投資などに使用することもなくそのまま余剰資金として放置してきたといった場合、**5年の間にそのキャッシュの2割以上相当の企業価値を毀損させている**[※1]ということを意味します。

※1　毎年5・36%の機会費用の発生は、5年間でその手元現金の2割相当の逸失利益が生じているということです。

また、企業が保有する**政策保有株式（持ち合い株式）**においても同様に、政策保有することで資本コストを上回る収益を期待できないなら、それは経済合理性に反し、**企業価値の毀損要因**ともなります。この場合は、政策保有株式[※2]を売却して、その資金で自社株買いをした方が株主利益への貢献につながります。

このように、運転資金でもない過剰な手許現金を保有していることや、物言わぬ株主が存在することでガバナンス上も問題があるとされる政策保有株式を保有していることは、経営者の保身のみならず、ファイナンス理論的[※3]にも企業価値を毀損しているということになります。よって、この点においても資本コストを意識した経営を行っているかどうかの一つのバロメーターにもなり得るところです。

※2　2022年4月に発足する東京証券取引所の新市場では、一定の流動株式比率が求められることとなっており、持ち合い株式は双方の会社において流動性比率が押し下げられるため、持ち合い解消の動きが加速しています。

※3　CGコードでは、取締役会で個別の政策保有株式について、保有している株式の保有目的が適切か、保有に伴う便益やリスクが資本コストに見合っているか等を具体的に精査して、保有の適否を検証するとともに、そうした検証の内容の開示についても要求しています。

■買収対象の企業価値をDCF法で算定するなら？

ここで、企業価値[※1]の算出方法としてのDCF法について、もう少し掘り下げます。

DCF法によって将来キャッシュ・フローの現在価値を計算するということですから、そもそも**将来の事業計画（損益計画）が存在する**ということが前提です。その**損益計画から一定の調整をすることで各年度のフリーキャッシュ・フロー（FCF）を算定**することになります。

具体的には、営業利益[※2]から実効税率を乗じて計算した税金コストを差し引き、その金額に減価償却費を加算し、運転資本を加減算し、最後に設備投資計画を反映させれば各事業年度におけるFCFが算出できます。

では実際に、**自社にとって興味深い総額20億円での全株式譲渡のM&A案件の話が回ってきた**として、その株式取得の是非について取締役会において検討することとなったとします。取締役会の開催前にその対象会社の企業価値を（自社が独自に算出した資本コストを用いて）DCF法によって計算したところ15億円でした。そして、その場合、投資額20億円に比して資本コストを上回

売上高
　▲売上原価
　▲販管費（減価償却費除く）
EBITDA
　▲減価償却費
営業利益
　▲法人税等
NOPAT
　＋減価償却費
　±運転資本増減額
　▲設備投資額
FCF

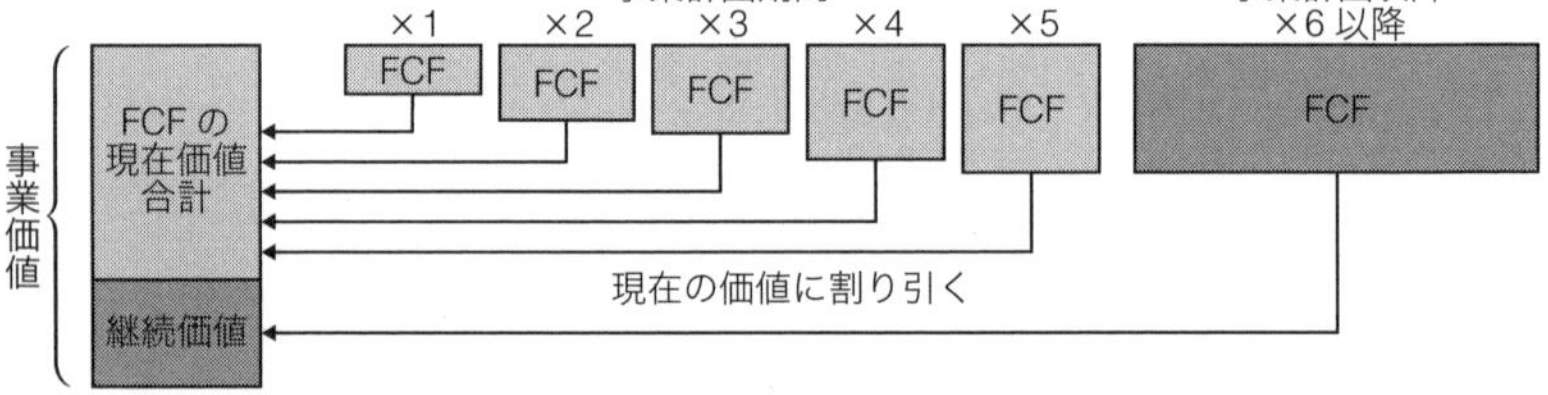

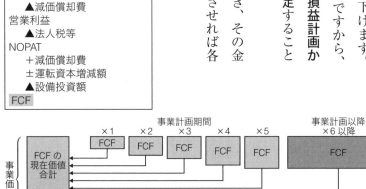

る収益を上げられていないということになります。

ただ、自社が是が非でもほしいと思っていた技術やノウハウ、販売網といったものをこの対象会社が有していたといった場合、何としてでも買収したいと考えることでしょう。ただ、このケースのままだといわゆる割高であって、仮に20億円で取得した場合は高値掴みをしたということになりますので、何か別の事情がない限りクロージングまでもっていくことは難しいといえます。

そこで、この買収案件を成就させたいと考えている自社のM＆A担当役員を筆頭に、売り手側（対象会社の株主）やM＆Aアドバイザリーの方々は、対象会社における事業計画上の数字を上方修正するなど、**何とか企業価値が20億円に届くように数字を調整したいと考える**ことでしょう。

■買収が事実上決定している場合にどう行動すべきか

DCF法の前提となっている損益計画については、本来は過去実績を発射台とした連続性が担保され、かつ実現可能性が加味された少々固めの計画であるべきといえます。しかし、こういった（裏）事情もあることから、**理論上の買収価額を吊り上げるなどの目的で、数字的裏付けの乏しい楽観的計画となっている**可能性も十分にありますので注意

※1　企業価値の算出方法は、DCF法の他にマルチプル法がよく用いられます。これは、EBITDA（支払利息・税金・減価償却費控除前の利益で、実務上は営業利益＋減価償却費を用います）の倍率を使う方法で、上場している同業他社の実際の株価を使用して「企業価値÷EBITDA」の値を計算し、これを参照して対象会社のEBITDAに倍率を乗じることで企業価値を算出するというものです。一般的な掛け目は6～9倍と言われています。

※2　営業利益から実効税率を乗じて計算した税金コストを差し引いた金額をNOPATといい、営業利益に（1－実効税率）を乗じて計算されます。ちなみに、NOPATは支払利息や社債利息などを控除する前の利益であり、これは株主に帰属する利益のみならず債権者に帰属する利益も含んでいるという特徴があります。

が必要です。

これに加えて、買収後の事業計画において**シナジーを過度に信仰**していないかという点も見逃せません。企業価値15億円を20億円にバリューアップさせる魔法の杖がシナジー効果というマジックワードなのですが、これまで**M&Aが行われた多くの実例において、その後にシナジー効果が発現したというのはほとんど見られない**というのが現実のようです。

ただ、**実際には多くの場合において取締役会にて検討される前に、（買い手側の経営者においても）20億円で取得することがほぼ決まっています。**そこで諮られる取締役会においては、買収価格の面における判断材料として第三者評価機関による**バリュエーションレポート**が事前配布されることかと思いますが、そのレポート上においては、算定結果として15億円と算出されることはまずもってなく、おそらく20億円と算出されているることでしょう。

よって、取締役会においてそのM&Aの可否について議論するにあたっては、買収価格の面における判断材料としての当該レポートに記載された**資本コストが適正かどうか**のみならず、**対象企業の損益計画の合理性・実現可能性**について担当者に詳細な説明を求めたうえでその適否の判断をすべきだと言えます。

また、仮にこのケースにおいて20億円で買収することを正当化することができたとしても、買収後に対象企業が計画上のリターンが生み出せなかった場合には、会計上は**のれんを減損**することとなります。よって、その事実を決算書上で見た**株主からは投資の失敗という烙印が押されてしまう**ことにもなるため、買収価格についてはより慎重な検討を要するといえます。

※ 75ページ参照

株主資本コストの重要性を認識する

■ROEと比べる「資本コスト」は株主資本コスト

ROEと対比して用いられる資本コストというのは、株主資本コストのことを指すことに注意が必要です。ROEというのは株主資本を用いていかに効率的に利益を計上しているかを示す指標ですから、負債コストをも考慮した加重平均資本コスト（WACC）ではなく、あくまで株主資本コストのみがROEと対比されるべきものとなります。

株主資本コストという言い方は**資金を調達する側である会社からの見方**であり、資金を拠出する側である**株主からの見方でいいますと会社に対する期待収益率**ということになり、両者はイコールです。ちなみに、株主が会社に対して要求しているのは、**配当金（インカムゲイン）だけでなく、株価の上昇期待（キャピタルゲイン）**もありますので、その両者を合わせて〝期待している収益率〟ということになります。

■株主資本コストの計算方法

では、実際のところ自社の株主資本コストはどのように計算するのでしょうか。会社に対する期待値などは個々の株主によって異なる以上、株主[※]一人ひとりに「当社に対して何パーセントの収益を期待してますか?」と尋ねて回った際の回答がもしかすると最も実態に合っているのかもしれませんが、あまり現実的ではありません。

そこで、通常は理論的かつ学術的算出方法である**CAPM**（キャップエムとよびます）を用いることになります。CAPMは以下の式で表されます。

$$CAPM = rf + \beta(rM - rf)$$

rfはリスクフリーレートといって無リスク利子率のことをいうのですが、実務上は**10年ものの日本国債の利回り**が用いられます。参考までに2021年においては0・1%を下回っており、かなり0%に近い数字といえます。

βは証券市場全体の値動きに対する個別株の相対的な値動きを示したもので、相場の動きと一致すればβ値は1で、変動幅が大きいと1を超えますし、β値が1より低いと個別株の値動きは小さいということを意味します。例えばβ値＝1・1の場合でいいますと、市場全体が10%上昇するとその個別株は11%上昇し、逆に市場全体が10%下落するとその個別株は11%減少するといった関係です。

(rM − rf)は株式リスクプレミアムと呼ばれるもので、算式の通り**市場全体に対する**

※ これを投資家サーベイといいます。

期待リターン（rM）からリスクフリーレート（rf）を控除したものになります。そして、一般的にはこの数値は過去の実績から算出するのですが、いつの時点からのものとするかで算出される値が変わってきてしまいます。参考までに、計測期間が**1952年から直近までのもので8％台半ば、1971年から直近までで5％台半ば**となっています。

1952年からのものは、戦争からの復興特需で急成長する時期におけるハイリスクハイリターン経済下の株式リスクプレミアムを含んでいるので高めに算出されることとなります。実務においては多くがこの数値を用いているのですが、成熟経済ともいわれる今後の日本経済を考えると、この8％台半ばを株式リスクプレミアムとするのは非論理的であると考える向きもあります。

■資本コストを抑えるためには

実際に数字にあてはめてみます。株式リスクプレミアム8％として、半導体関連の会社のように、**業績がかなり市況に左右される場合**にはβ値は1より高くなりますから、ここでは1・2とします。

CAPM＝0.1％　＋　1.2×8％　＝9.7％

また、**市況に左右されない電力会社のような場合**のβ値は1より低く、仮に0・8だとすると、こんな具合に計算されます。

CAPM＝0.1％　＋　0.8×8％　＝6.5％

こうやってみると、CAPMによって計算される株主資本コストというのは**β値のみが決定変数**であると整理することができそうです。そして、このβ値を決定する要因というのは**業種・業界特性**だけではなく、例えばマクロ経済的に景気が良くなったり悪くなったりしたときの、**自社における利益やキャッシュ・フローの振れ幅**というのも決定要因の一つです。

繰り返しますが、β値は証券市場全体の値動きに対する個別株の相対的な値動き、すなわち感応度のことをいいます。財務的にみて固定費比率が相対的に高いといった場合には、利益の振れ幅が大きくなるためβ値も高くなり、また、負債比率が相対的に高い企業は優先的に保護される債権者の割合が大きいということを意味しますから、結果的にβ値も高くなる傾向があります。

ただ、財務戦略の一環として自社のコスト構造や資本構成を転換することで実際にβ値や資本コストを大幅に抑えることができるかといえば現実的には困難です。それよりも投資家に対する情報開示、すなわちＩＲによって自社の情報をわかりやすく伝えることで、**投資家にとっての「会社が何を考えているのかわからないリスク」を低減させる**ことのほうが、自社の資本コストを抑える最も近道かつ王道だといえます。

■最低要求ＲＯＥ水準が株主資本コスト

以上より、当期純利益÷自己資本によって算出される実績値がＲＯＥであれば、それに対応する目標値、すなわち最低限要求されるＲＯＥの水準が株主資本コストであるということがご理解いただけたかと思います。よって、**中長期的に「ＲＯＥ＞株主資本コスト」が企業経営上求められる**わけであり、この不等式を意識しないまま経営をしているということは株主を軽視していると言われてもおかしくないわけです。

個別の企業ごとに資本コストが客観的な根拠をもって算出されるというものではないにしても、逆に曖昧であるが故に軽視されることがあっても困るということで、伊藤レポートにおいて日本企業は「ＲＯＥ８％を目指すべき」とはっきりとした目標設定を迫られることとなりました。そして、今や見事に資本市場における一種のコンセンサスにまで昇華させたのがこの８％という数字です。

また、ＲＯＥから株主資本コストを差し引いたものをエクイティスプレッドと呼ぶのですが、このエクイティスプレッドを高めることこそが企業価値を高めることに繋がるので、財務政策としてＲＯＥを高めるのと同時に株主資本コストを低減させることを目標とするという方向に日本企業全体がベクトル合わせをすることができました。

伊藤レポートにおいては、**日本企業における株価低迷の根源が、このＲＯＥの低さにある**ということを喝破したわけです。日本企業は、同じ資本の生産性指標であるＲＯＩＣを物差しに事業の取捨選択に取り組んだり、それに伴う経営資源の配分に変更を加えたりといった施策を講じた結果、総じて日本企業のＲＯＥや株価の上昇を招いたという意味では非常に意義深いものだったと感じます。

ROICは伝家の宝刀か諸刃の剣か

■投下資本全体に対する効率を図るROIC

VUCAといわれる今の時代に、十分な収益性が確保できずに、また成長性も期待薄の事業をダラダラとやっているのであれば、さっさと撤退して企業価値に貢献するような「儲かる事業」を推進することが肝要です。それは誰もが理解していることでしょう。**その儲かる/儲からないの尺度としての資本の生産性指標が、ROEであり、ROIC**[※]です。

ROIC(Return on Invested Capital、ロイックとよびます)について説明をしていきます。これは**投下資本利益率**のことで、NOPAT(税引後営業利益)を投下資本で割って求めるのですが、資本効率を測る指標という意味ではROEと同様です。しかし、ROEの場合は株主から預かった自己資金を分母として計算するのに対して、**ROICは自己資本と有利子負債とを合わせた投下資本全体を分母とする**点で異なります。分子についてでは、ROEの場合は株主に帰属する利益ということで当期純利益を用いるのですが、ROICの場合は**債権者にとってのリターンである支払利息を控除する前の利益**

※ ROICは、売上高営業利益率と投下資本回転率、さらには投下資本回転率を運転資本回転率と固定資産回転率とに分解でき、それによって経営課題が見えてくるという特徴を有します。

であるNOPATを用いるという点が相違します。

■ROICを用いるメリット

ROEについていえば、財務レバレッジを利かせることで、収益性を高めることなく上昇させることができてしまいます。ROEは、売上高利益率（当期純利益÷売上高）×総資産回転率（売上高÷総資産）×財務レバレッジ（総資産÷自己資本）として3つに分解できるのですが、例えば同じ収益性（売上高利益率）、同じ効率性（総資産回転率）で、ただ負債比率のみが異なるという2社を比較すると、有利子負債の比率が大きい（財務レバレッジが高い）会社ほどROEが高くなります。

ROE＝ 売上高利益率（当期純利益÷売上高） × 総資産回転率（売上高÷総資産） × 財務レバレッジ（総資産÷自己資本）

単に**負債比率を高めるといった財務的操作をするだけでROEはよくなってしまう**という意味では何だか騙されているようでもあります。ROEにはこういった特性（欠点）を有するためにこの数値を絶対視しないという会社も多くあります。※ 一方でROICはROEのように負債比率を大きくすれば数値がよくなるということがないため、**ROE**

※ ROEだけでなくROICにもいえることですが、製造工場のようなインフラを持たないとそもそも始まらないといった装置産業と、そのようなインフラが不要なIT産業をこのような尺度で画一的に測って比較することが理にそぐわないということからもわかるように、どちらの指標も絶対的なものではありません。

の欠点を補う指標としてROICを用いる（併用する）という会社も増えてきています。

　ROICは**財務レバレッジの影響を受けない**という特徴のほかに、もう一つの特徴（利点）として、**事業部別に効率性管理ができる**ということが挙げられます。ROEは事業別に純資産を分解することが非現実であることから、各事業部別の経営指標として落とし込むことは困難です。これに対して、多角化経営をしている会社の行う事業の原資が自己資本である株主資本と他人資本である有利子負債であったとして、これが運転資本と固定資産に形を変えているとすれば、その運転資本と固定資産を事業別に分解するだけで事業別の投下資本が計算できることとなります。

■KPIにブレイクダウンする

　下図を参照いただければ、調達源泉たる有利子負債と株主資本の合計は、運転資本と固定資産との合計ときれいにバランスしているのがわかります。そして、その運転資本と固定資産を事業部

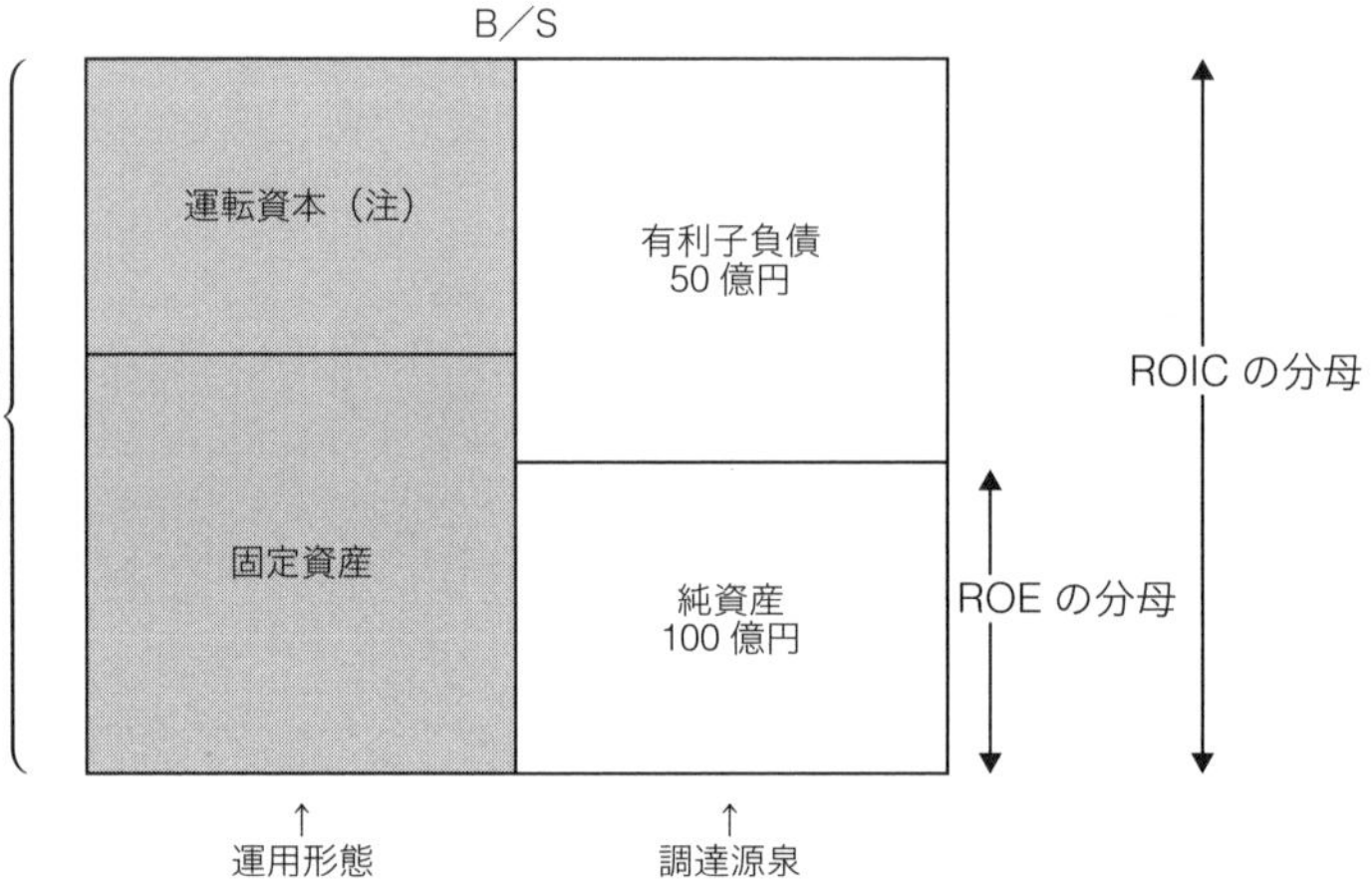

（注）運転資本とは、売掛金や受取手形、在庫から買掛金や支払手形を控除したものをいいます。

別に分解することはできますから、結果として**事業部別のＲＯＩＣといったものを算出できる**ことになります。

その意味で、ＲＯＩＣは**事業ポートフォリオの管理に適している**といえます。例えば、ＲＯＩＣ経営で有名なオムロンは、事業全体を60近い事業ユニットに分解し、ＲＯＩＣ[※1]という統一尺度を用いて事業ユニットの収益性等を検討し、改善の見込みがなければ事業からの撤退を検討することとしています。

ＲＯＩＣという経営指標を社内における共通言語としているわけです。**資本コストであるＷＡＣＣを上回るＲＯＩＣを各事業ユニットにおいて達成できるか**を目標とし、そして**各ユニットでは独自にＲＯＩＣに結びつくＫＰＩ[※2]にブレイクダウン**しています。これは、現場の従業員にとって資本コストと言われても何のことか今ひとつピンとこないというのが正直なところでもあるので、そのためにＲＯＩＣの構成要素に分解したものをＫＰＩとすることで、結果的に従業員に資本コストへの意識付けができるというわけです。

ちなみに、オムロンの場合は想定資本コストとして２０２１年は５・５％として、各事業ユニットにおけるＲＯＩＣと対比することによって企業価値を創造できているか否かを判断しているそうです。

※1　もちろんＲＯＩＣだけでなく、市場成長率や市場シェアを勘案し、各事業部のポテンシャルを見極めたうえでの検討となりましょう。

※2　ＫＰＩというのは主要業績評価指標のことで、オムロンの場合は設備回転率（1／N自動化率）や売上高人件費率、在庫月数などがＫＰＩとして設定されています。

また、各ユニットにおいてROICを向上させようとすると、分母である投下資本の圧縮を図ることが有効となりますが、この投下資本の圧縮についてはキャッシュ・フローの創出を意味します。そして、それはCCC[※3]の指標の向上につながり、そこで創出されたキャッシュを別の成長分野に投資することで、持続的成長を図っていくというのが企業にとっての理想形です。ただ、これを少し踏み間違えると単純な投下資本の削減による縮小均衡に陥るという危険もはらんでいるものでもあります。

※3　CCCとは、Cash Conversion Cycleの略で、原材料の仕入れから最終的に商品が売れて現金化されるまでの日数を示し、資金効率の指標となるものです。

■「わかっちゃいるけど止められない事業」はどの企業にもある

事業部別のROICを算出しようとすると、それぞれの事業ごとに固定資産のみならず運転資本までも紐付ける必要があり、**実務的にはそれなりのシステム対応を要すること**となることでしょう。また、会社全体の規模が大きければ大きいほど、また事業が多角化していればいるほど、**事業部別損益だけでなく事業部別資産負債といったBS科目の事業部への紐付けは非常に困難**になります。

「ROICは企業経営におけるKPI」、「事業別のポートフォリオ管理による見える化」、「ROICは現場を奮起させる素晴らしい指標」、「これからは経営資源の選択と集中」といった経営陣の好みそうなこれらの言葉は、単にシステムベンダーによる広告宣伝の要素を多分に含んでいるとはいえ、ただ、**ＲＯＩＣを本気でやろうとすると、そんな綺麗ごとでは済まされません。**

どの大企業もわかっちゃいるけど止められないような事業（要するに投資効率が悪い事業部や不採算事業）を抱えていたりするものです。事業別のＲＯＩＣを見える化することで、「ああ、この事業は儲かってなかったのか。それであれば、テコ入れするか売却するかの検討をする必要があるな」との示唆を得る、ＲＯＩＣという指標を通じて事業部長を叱咤激励するためのツールとして用いられる、といった用い方であれば理想的です。しかし、すでに**自社の資本コストに比して不採算であることが「わかっちゃいるけど止められない」「踏み込みにくい」事業を抱えている場合**はどうでしょう。

これまでなんとか微々たる黒字化を達成し、また他の収益事業の陰に隠れてきて何とかやってきたものの、「じゃあ自社もブームに乗ってＲＯＩＣ経営だ」などと取締役会で提案したところで、「不都合な真実をあえて見える化するなんて馬鹿げている、よって却下！」となるのが関の山ではないでしょうか。新機軸たるＲＯＩＣも、企業によっては諸刃の剣になり得るわけです。それがいいかどうかは別として。

さて、自社の資本コストは？

■WACCか株主資本コストか、それとも…

本章の最後に、WACCとして計算した資本コストとそのWACCの構成要素である**株主資本コスト、どちらを自社にとっての「資本コスト」とすべきか**について考えてみたいと思います。

各事業ユニットのROICが上回るべき資本コストというのは、株主資本コストではなく**WACCによって計算された資本コスト**となります。WACCは、株主資本コスト（株式で資金調達する際に発生するコスト）と負債コスト（借入金や社債で資金調達する際に発生するコスト）を加重平均して求めるものです。ROICはこれら調達額を投下資本と捉え、分母としていることと対応するためです。

ROEと株主資本コスト、ROICとWACCがそれぞれ対応するものであるということですが、さらにこれら4つの指標についての関連性についても明確にしておきましょう。対外的にROE目標を公表しているものの社内的にはROICを指標としていることもありますし、WACCを満たす利益が得られていたとしても、それが株主資本コストをも満たす利益が得られているのかという点は気になるところです。

中期経営計画において、目標ROEを8％として公表している企業で、その企業の財務構成が、負債総額400億円、株式簿価500億円、PBR[※1]1・2である場合の**目標ROIC**を考えます。デットとエクイティの比率については、負債400億円：株式(時価)600億円となりますので、4：6です。負債コストを1％、実効税率を30％と想定します。

目標ROIC＝{1％×(1－30％)×4割　＋　8％×6割}≒5・08％

資本構成に変化がないという前提で、社内的にはROICを指標として事業別管理をしている場合でも、ROIC5・08％超を達成すればROEは8％超になるという理論的帰結になります。

ちなみに、ある投資案件があった場合に、その案件に投資するか棄却するかの判断となる利回りのことを意味するハードルレートは、これらとまた少し異なるものになります。**ハードルレート**も重要な概念なので解説を加えておきますと、一般的には機械的に

※1　PBR(株価純資産倍率)とは、株価を一株あたりの純資産額で割って求めるものです。これは、1株当たりの純資産に対して何倍の株価で株が売買されているかを表すものであり、会社の資産に対して株価が割高か割安かを判断する目安となる指標です。ちなみに、これが1倍を割っているということは、株主にとっては将来の企業価値向上に確信が持てず、今すぐ解散をした方が望ましいということを示しています。また、その状態である上場会社は少数ではないという現実があります。

算出されたＷＡＣＣに対して**市場の期待する利率などの努力目標を上乗せして設定**されるもので、これも資本コストの一つではありますが、ＷＡＣＣや株主資本コストとは毛色が違うものです。オムロンでは、想定資本コストにスタッフ部門などのコストを加えた10％を各事業ユニットにおけるハードルレートとして課しています。

例えば、積極的に事業投資を行っているソフトバンクですが、自己資本に比して過大な負債でレバレッジを利かせた経営をしているため、同業他社に比してＷＡＣＣで計算した資本コストは低く算出されます。こういった状況のもと、ソフトバンクにとって同業他社よりも資本コストが低いために投資を数多く行っているのだと考えるのは早計で、ＷＡＣＣを大幅に上回るハードルレートを設定し、それをクリアすることを投資の前提にしているとソフトバンクのＣＦＯは明言しています。このように、投資採算計算に用いられるハードルレートは、ＷＡＣＣで計算した資本コストに[※2]一定のリスクプレミアムが上乗せされて算出されることになります。

■資本コストは経営陣が全力で模索して決めるもの

これまでみてきたように、資本コストというのは「将来」キャッシュ・フローの割引率として用いられるもので、「過去」データに過ぎないβ値や株式リスクプレミアムを

※2　投資に係るリスクを考えると、予測キャッシュ・フローの変動リスクや倒産リスク、非流動性リスクなどが該当します。

いくら精緻に計算したところで、そこで算出された資本コストは一定の目安にしかなりません。そういった事実を鑑みると、自社の株主からの負託に応えられる資本コストや自社の事業推進に用いるべき資本コストが、自動的に算出されるＣＡＰＭやＷＡＣＣなどで決まると考えるのもいかがなものかと思います。

自社の株主の要求を満たす資本コストや事業の良し悪しを判断するための資本コストといったものは、公式に当てはめれば単純計算されるといった代物ではなく、**経営陣が全力で模索していく**といったものです。そして適切なバランスシート・マネジメントの要諦とは、**そこで決定された資本コストの数値が、自社にとっての最適な資本構成（負債と自己資本の比率）を決める最大の要因**となっているということではないでしょうか。

Column

ROEとESGの相克

■ESGへの本気度

ROEやROICが今のところ日本の全上場企業における財務的見地からの最重要経営指標であることは疑いのないところですが、ここ数年でもう一つの企業価値を構成する一側面でもあるESG[※1]やSDGsというものがブームになっているところです。これもある種のグローバルスタンダードであって、**環境や社会に配慮した経営を追求していくことが、企業においても持続可能性を高めるということであって、**超長期ではありますが**いずれは財務資本に繋がり企業価値を向上させる**というものであります。

ESGが何をもって「持続可能」として、企業価値に関連するのでしょうか。仮に企業が地球環境や地域社会において負の影響を与える活動をしているとしましょう。そのような活動は、株主以外にも顧客や従業員、取引先、地域住民などのステークホルダーからの信認を得られないという意味で、「ステークホルダー資本主義」[※2]の理念に反し企業価値を毀損させることとなります。

そこで、ESGへの取り組みを企業に促すという意味も込めて、企業が地球環境や地

※1　業績連動報酬のKPIに、ROEやROICのみならずESG関連指標を組み込む事例が増加しています。評価ウェイトはROE6割、ESG1割、それ以外の指標で3割といった具合です。

※2　ステークホルダー資本主義とは、消費者、取引先、従業員などの利害に配慮すべきという考え方です。ただ、その一方で、どのステークホルダーの利害を優先すべきか、本来優先されるべき株主利益をどう捉えるのかという問題もあります。

域社会に与える負の影響を見える化（個々の企業におけるCO$_2$排出量を金額換算して定量的に評価するなど）したり、取り組み自体をスコアリング化したりといった動きがあります。さらにそこから、このような取り組みを財務的数値にまで落とし込もうという試みもあるようで、一昔前に流行っては廃っていったCSRやCSVのように（特定の企業だけの）一過性のものにはさせないという強い意志を感じたりもします。

このコラムでは、ROEもESGもともに企業価値の構成要素であるとはいえ、それらを**同時追求することは本当に可能なのか**という点について、まだ真剣に考えたことがないマネジメント層の方々も含めて、今一度よく検討していただきたいと思い取り上げることとしました。そして、自社の成長余力に限界を感じ、**ROE＞資本コストを達成できないことによる隠れ蓑**としてESGを（その実践の有無に関わらず）ことさら強調する経営層の方々に対して、諫言させていただくという意味合いも含んでいます。

■ESGブームはROE至上主義からの揺り戻し

「ESG投資」という言葉があるように、インパクト投資家とよばれる方々がそういった企業の取り組みの実態を重視することでESG銘柄に資金が集まっていて、結果的にそれが株価上昇に寄与しているという側面があります。株価の上昇という結果だけを見る限り、それは企業価値の高まりを反映したものということなのかもしれませんが、ではそれを**定量的に裏付けるだけの客観的な尺度はあるのかというと今のところはありません**。

ただ、投資家というのは株価が今後上がると考えられる銘柄に対して投資するので、とりあえずその投資家がＥＳＧについて仮に否定的に思っていたとしてもその銘柄が今後上昇すると思えば投資します。著名な経済学者であるケインズがいうところの美人投票です。ですので、このような理由で**株価が上がっても、それを企業価値の高まりと考えるのも少し早計**ですし、また、昨今のＥＳＧ投資バブルはこういった側面が多分にあるということは認識しておきたいところです。

ちなみに、ここまでＥＳＧ投資が熱を帯びるのはリーマンショックに代表されるいわゆる株主第一主義からの揺り戻しという要素もあるでしょう。とりあえず、会社は株主のものであり、株主は稼げる経営者を高い報酬で選ぶので、会社は利益追求を最優先で行えばいいというイデオロギーからの脱却が、地球温暖化や格差の拡大という深刻な現実問題も相俟って、ステークホルダー資本主義に徐々に取って代わられてきていると考えるのが適当です。**「ＲＯＥ＞株主資本コスト」という至上命題への一本足打法に囚われた企業経営**をしていては、**気付いた時には手遅れの茹でガエル状態になるのではとい**

う危機感がそこにはあります。

■資本コストを低減させるESG重視の経営

ある企業体がESGを経営に積極的に反映させていけば、事業の継続性や安定性が相対的に優れ、結果として持続可能性を帯びてくることで企業価値の高まりとして現れるというのは、何となく理屈として正しいということはわかります。では、そのESGが最終的にどのように財務パフォーマンスに結び付くのかを考えるにあたり、ここでは本章で解説しましたCAPMの公式を思い出していただきます。

$$CAPM = rf + \beta(rM - rf)$$

要するに**ESGを重視した経営が企業価値の高まりへと至るのは、資本コストの低減をもたらす**というところにあります。ESG評価の高い企業群は得てして株価や業績が大幅に変動しない企業であると投資家からは見られているため、その結果として株価のボラティリティ[※1]は低くなるのですが、CAPMにおけるβ値がまさにボラティリティであり、この数値が低くなると資本コスト（株主からみると要求利回り）も低下するという理屈の上での説明があります。

※1　ボラティリティとは、価格の変動性のことで、ボラティリティが大きいというと価格の変動が大きいということを示します。

ただ、これも結局のところ投資家がどのように判断するかに依拠するわけです。ESGを重視している企業においては、会計不正や品質不正・偽装、資産の不正流用などの株価にネガティブな影響を及ぼし得るほどの不祥事が相対的に起こりにくく、結果としてその企業の将来の業績見通しが立ちやすくなるため、値動きリスク＝ボラティリティが低くなるというように（今のところ）投資家は見立てているということです。

さはさりながら、その取り組み内容も各企業によって千差万別であるわけで、**どの取り組みがどれだけ資本コストを低減させるかなどの定量化はできない**ということで、「あくまで理屈の上ではそうだよね」という域を超えないのです。よって、企業の側にとってはディスクロージャーやIR（説明責任）を市場との結節点として投資家にアピールすることで、ESGへの取り組みを資本コストの低減に繋げていくほかないというのが現状です。

ちなみに、**ESGへの取り組みと、資本コストやボラティリティとの間には、ある程度有意な相関関係がある**という結果が出ています。しかし、よくある統計マジックではありませんが、ESG評価が高い企業群と低い企業群の比較を行うことについて、その前提として**ESGに取り組むくらい余裕のある企業群はもともとESG云々以前に資本コストやボラティリティが低い企業群にカテゴライズされる**はずなので、この検証自体[※2]

※2　財務的に成功しているからこそ、社会や環境にも目を向けることができるというのが現実解なのではないでしょうか。

が本来の目的を正確に反映できているものかというと若干懐疑的ではあります。

■ROEとESGを同じ財務的見地から語ることはできない

話を戻すと、両立はあり得るのかというのが本コラムの本題ですが、そもそも、**資本生産性の代表指標であるROEと持続可能性指標であるESGというのは、両立というよりもどちらかというと二項対立的に捉えざるを得ない**のではないかというのが筆者の考えです。それは、企業がどちらか一方のみを重視・選択すべきと言っているのではなく、もちろん両者とも重要なものではあるのですが、そのものがもつ本質的意味合いにおいてROEとESGというのは互いに相容れない概念であるということです。

繰り返しますが、企業が将来にわたって価値創造をしていくにあたり、**ROEとESGの両者を重視した経営をしていくのは絶対的に正しい**です。その意味でこれからの新たな資本主義というのはこの二項対立を脱構築し、同時にバランスよく追求していくような企業システムということになるのかもしれません。

しかし、ROEとESGを同じ財務的見地から語ることは、そもそもこれらが融合しにくい概念であることからも**不可能**だということです。

■定量化の進む「E」と評価の難しい「S」

まずＥＳＧのＥ（環境）から考えます。ベストセラーにもなった大学教授・斎藤幸平氏の『人新世の「資本論」』でも語られているように、環境問題というのは一見取り組んでいるように見えたとしてもそれはどこか**別の場所（地域）や目に見えないところに転嫁されているだけ**であって、総体的にみて効果はないのであるから、[※1]ひとまず経済成長を諦めるしか地球の持続可能性は保持できないのではないか、といった見解もあります。

Ｅに関しては、冒頭でも触れたようにCO_2や水資源などについてそれらが環境負荷に与える影響を測定しやすいため、[※2]**可視化はある程度進んでいる**といえます。そして、各有名企業は「地球にやさしい」という名のもとに環境問題の解決に至るような製品やサービスの販売を一つの売上高ＫＰＩとして設定していたりもするくらい、取り組み自体も先鋭化してきているといえましょう。

温暖化については、「地球の」不可逆的かつ持続可能性の問題ですので、そもそも一企業だけで解決できるものではないわけですが、各企業が率先してそういった取り組みをしていくことについては非常に意味のあるものといえます。

ただ、**問題はＥＳＧのＳ（社会）である**ように思います。というのも、**Ｓの問題はＥの**

※1　現状を鑑みてもロシアがウクライナへの侵攻を続けるなか、欧米のみならず日本も脱炭素政策を見直さざるを得ない状況となっています。

※2　例えば、CO_2排出量をネットゼロにするなどのサステナビリティ目標を開示する企業も出てきました。カーボンニュートラルやゼロエミッションという言葉もよく目にするようになりました。

ような可視化をすることが難しく、そのため評価の枠組みも難しくなります。また一見取り組んでいるようでも、どこか別のところに転嫁されやすいのもまたS[※3]の特質だと思うからです。

例えば、これも斎藤教授の著書を引用すると、スマホやノートPC、電気自動車などに必要なリチウムイオン電池について、そこで大量に使用される原料にコバルトというレアメタルがあります。そのコバルトの6割がコンゴ民主共和国というアフリカの国で採掘されているのでありますが、そこでは奴隷労働や児童労働が蔓延しているそうです。賃金が一日1ドルであったり、また危険なトンネルでの採掘作業は危険かつ健康被害も甚大ということで大いに問題がありましょう。

このような原材料の調達から商品の販売までのサプライチェーンにおいて、直接の取引先だけでなく、原料や部品を調達する2次以降の間接取引先も含めたサプライチェーン全体をトレースしてまでモニタリングしている会社もなかには存在するのかもしれませんが（もしくは、サプライチェーンの上流工程で人権侵害の事実があることを知ってしまうと問題なのであくまで知らないようにしているのかもしれませんが）、こういった人権侵害のファクトがESGの精神に反するのは明らかであります。

にもかかわらず、スマホやノートPC、電気自動車の製作におけるサプライチェーン

※3　一方で、パーム油産業における人権・労働問題のように、Sに関しては厳しくチェックするものの、森林破壊（Eの問題）には目をつぶるという現実もあります。

上のどこかに関わっている企業群において、いかに「うちは社員の健康や安全に最大の注意を払っています」や「ＬＧＢＴに対する配慮は欠かしません」といったアピールをしたところで、単なるお題目にすぎないのではと考えてしまうのは筆者だけでしょうか。また、ここ最近でいえば、大手アパレル会社におけるウイグル自治区における問題も出てきていますが、このあたりは政治問題も絡むので会社としての対処の仕方が非常に難しいものともいえそうです。

■ROEとESGは融合ではなく両利きで考える

Ｓはそのくらいトレースしにくいということですが、逆に後から追跡しやすいのがＧ（ガバナンス）です。確かに、取締役会でも社外役員を何人選任したところで、その社外役員とは社長のゴルフ仲間で、もともと仲良しこよしであったりもするわけで、経営者や執行役員への監視監督が機能しているか否かは外観的にはちょっとわかりにくいといえます。

しかし、Ｇがしっかりしていれば戦略が適切に実行され、利益創出の確度は高まると考えられますので、例えば政策保有株式を解消したり、または不採算事業から撤退したりといった事実が明るみに出るように、割とＧの効果は追跡しやすいと思います。ただ、ここで言いたいのはＥやＳ、Ｇそれぞれの効能について語ることではなく、あくまでも**これらの経済的影響を単一のモノサシで測定するということは不可能**であって、そ**れゆえにＲＯＥのような財務的指標と同列で語ることは、むしろ実務を混乱させる**のではないかという個人的な懸念であります。

企業価値はあくまで貨幣価値にて測定されるものだとした場合、ＥＳＧへの取り組み具合をどのように定量化するのか。ＥＳＧへの取り組みが資本コストに反映され、それが企業価値に影響を及ぼすといったところで、仮にＥＳＧのスコアリング手法が市場のコンセンサスを得ることで実務に根付くことができたとして、それをβ値のように計算上組み込んでいくということも考えられなくもないです。しかし、では情報開示に乏しいが取り組み自体には熱心であるといった会社はどうやって定量化を図っていくのでしょうか。

ROEとESGは、本来的にはデカップリング、すなわち別々に捉える必要があるということです。両者とも企業価値の向上に寄与するからという理由で、あえて融合させて捉えるのではなく、ＲＯＥならＲＯＥとして自社の資本コストをベンチマークとして目標とすればいいし、ＥＳＧについていえば、それはそれとしてＩＲ※やディスクロージャーでどんどん取り組みをアピールすればよろしい、ということではないでしょう

※　CGコードにおいても、特にプライム市場に上場している会社においては、TCFD（気候関連財務情報開示タスクフォース）またはそれと同等の枠組みに基づく情報開示が求められているところです。そこで、現時点ではIFRS（国際会計基準）設定主体であるIFRS財団において、主に気候変動を含むサステナビリティ情報の統一的開示の枠組みを策定する動きが進められています。

か。

いや、本当の意味での両利きを目指すのであれば、ここ数十年もの間、日本企業が洗脳されてきた「金銭化され得るもののみが価値を有する」といった新自由主義的な価値観からの転換を急ぐ必要があるかもしれません。ＥＳＧへの取り組み具合を（無理に）貨幣価値に換算しようとする（その発想自体が新自由主義の思想に侵されている）ことを全くの不要と考えることが求められる時代、すなわち「脱成長」を目指すべき時代が、もしかしたらすぐそこまで来ているのかもしれないのですから。

第2章　会計上の見積り

会計上の見積りは、企業の業績にブーストをかける。

File 02

中期経営計画の見直しを機に、買収のれんの減損に直面

取締役会議事録メモ　○月○日

藤川　3年前に新庄取締役の肝入りで買収した株式会社MATSUNAGA Company（以下、M社）なのですが、のれんの金額が100億円と多額すぎるのもあり、監査法人からついに減損の検討をしてほしいとの連絡が先日ありました。

新庄　ちょっと待って！　200億円もの対価で買収したM社に係るのれんを減損しろだって？　冗談じゃない。減損なんてしたら、みすみす株主に対してこの買収が失敗したと自主的に認めているものじゃないですか。役員全員の責任問題に発展しますよ。

野村　たしかM社は、代表者が1年そこらで『大河earthは幼稚園の学芸会』との言葉を残して去っていってしまったんだったな。それでも買収以降、毎年微々たる金額とはいえ黒字化は達成しているんじゃなかったか。その場合、減損ルールでは兆候とやらに引っからなくて、減損はしなくて問題ないとのことではなかったか。

藤川　日本基準におけるルール上はそうなのですが、ちょうど今期が中期経営計画の見直しの期

にあたり、M社における買収当時において買収価額の算出のもととなった事業計画から大幅に下方修正した計画とならざるを得ず、その旨を口頭で監査法人に伝えたところ、減損の検討という話になりまして。

新庄　M社の事業計画については、今念入りに作成している最中です。そして、これまでの業績というのは過去の膿を出したもので、いわゆるビッグバス効果を狙ったものです！

金本　事業計画については、きちんと実現可能性を考慮したうえで策定すべきといえます。バラ色の事業計画など、誰でも作ることができますし、そのような事業計画に何の価値もありません。

藤川　また、買収直後に管理機能を全て当社に集約してますが、その本社費の配賦について、配賦基準がそもそも妥当なものなのか、といった話も監査法人からはされました。

野村　当社は、これまで本社費は粗利基準で各事業に配賦していて、もちろんM社にも配賦した上で、それでも黒字だったのではなかったか。

藤川　そうなのですが、その配賦基準がもし社員数基準であったら赤黒逆転で、実はM社は買収当初からずっと赤字続きでありまして。

金本　管理会計の永遠のテーマですね。なんで儲かっている事業部が多額のコストを負担するのかという。理論的には、どちらかというと社員数をコストドライバーとする方が実態にも合っていると感じますが。

見積りの重要性

■会計上の見積りとは何か

「会計上の見積り」とは、資産及び負債、収益及び費用等の額に不確実性がある場合において、財務諸表作成時に入手可能な情報に基づいて、その合理的な金額を見積もって算出することをいいます。わかりやすい例でいいますと売掛金や貸付金に対して、その相手先からの回収ができない可能性を反映して計上する貸倒引当金は、まさに会計上の見積りの典型といえるものです。

要するに、財務諸表の作成時点では情報の限界ということもあって**正確に測定することができないので、金額を概算によって計上する**ということです。そして、その正確に測定することができない理由の多くは**将来事象の結果に依拠するため**です。この例でいいますと、相手先からの実際の回収額は将来的には必ず判明しますが、現時点ではわからないので、回収できなさそうな金額を概算にて引当計上するわけです。

■見積りを行うのはマネジメントの役割

本章においてなぜこの「会計上の見積り」を取り上げたかといいますと、財務諸表作成時に入手可能な情報に基づいて、その合理的な金額を見積もって算出するという行為は、金額の重要性にもよりますが、それはまさにマネジメントの役割であるからです。この会計上の見積りの特徴は、現時点において不確実性があるが故にその発生可能性には振れ幅があり、**その将来予測や仮定の設定などにおいてはマネジメントにおける偏向の可能性**が伴うものであるという点です。

あくまでも見積り行為であるため、見積りの対象となった事象が確定した場合には、**過去に行った見積額との間で乖離が生じることの方がむしろ一般的**です。しかし、もしその乖離が大きかった場合でも、それだけをもって過去における見積りが誤っていたということにはなりません。というのも、見積り時点では最善の見積りをしたとしても、その後に例えば(極端な例ですが)リーマンショックのような想定できない事象が生ずることによる乖離の可能性といったものが必ず存在するためです。

実務においては、**不確実なものをどうやって見積もるのか**、また**見積りの基礎となる情報がどの程度入手可能なのか**といったことを検討する必要があります。それについては、[※1]例えば外部の情報源に基づく客観性のある情報を用いるなどして、一定の仮定を置くことで最善の見積りをすることとなります。

※1　例えば、相手先からの返済が数日遅れたり、信用調査機関からの信用情報や業界内の噂といったものを契機として、債務の返済に大きな問題があると認められれば、債権の額から担保の処分見込額や保証による回収見込額を差し引き、その残額について相手先の財政状態及び経営成績を考慮して貸倒引当金を見積もることとなります。

要するに、見積り時点で最善といえる入念な手続きをしておく必要があるということです。例えば、見積りをするにあたって当然に必要となる情報入手を怠っていたとか、または将来予測を過度に楽観的に行っていたといった場合は、それが最善であったとはいえないものとなります。そして、それは実務上、見積時点における見積りの誤謬という扱いとなり、その重要性いかんでは修正再表示[※2]の検討も必要となってきてしまいます。

※2　修正再表示とは、過去の財務諸表における誤謬の訂正を財務諸表に反映することをいいます。

■見積りが誤っていた場合の実務上の影響

少し脱線しますが、仮に過去における見積りの誤謬となった場合には、一昔前までは前期損益修正項目として当期の損益で処理していましたが、今はそのような扱いとなっておらず、その**誤謬の重要性が高いと判断されれば過去の財務諸表について修正再表示**をすることになります。ただし、金融商品取引法上はそのような重要な誤謬があった場合はそもそも訂正報告書の提出が求められているため、修正再表示と併せて訂正報告書の提出も検討する必要があります。

ちなみに、会社法の計算書類における過去の誤謬の扱いはというと、基本的には当期の計算書類における期首の資産、負債及び純資産残高に過去の誤謬の訂正による累積的[※]

※　累積的影響額とは、会計処理の変更や過去の誤謬の訂正を行う場合に、過去に遡って適用したときの過去の累積的な影響額をいいます。

影響額を反映させることとなります。これは、過去の誤謬による修正再表示については、確定した過去の決算までをも修正するものではないと考えられるためです。

■「繰延税金資産の回収可能性」と「固定資産の減損」に注意

この「会計上の見積り」が財務諸表において大きな影響を与える項目はといえば、**繰延税金資産の回収可能性と固定資産の減損**の二つです。この両者は、会計上の見積りのなかでも翌期以降の経営環境の変化やそれに伴う損益及び将来キャッシュ・フローを予測する必要があるものであり、**マネジメントの意思決定の結果が会計上の見積り数値にブーメランのように跳ね返ってくる**ことになるほどの重要性を有するものでもあります。

なお、この両者のベースにあるのは**事業計画**※です。社内における適切な権限を有する機関、すなわち取締役会における承認を得た事業計画がベースとなって、繰延税金資産の回収可能性や固定資産の減損の有無が決められるわけです。よって、マネジメントサイドとしては当然に、この繰延税金資産の回収可能性における会計上の考え方や固定資産の減損損失の計上プロセスについての理解は必須だといえます。

※ 事業計画を基礎として会計上の見積りを行う場合、その後の実績を比較する手法をバックテストといいます。会社自身がこのバックテストを実施することで、合理的で最善の見積りを行っていることを説明できるようにしておく必要があります。

経営責任の問題に直結する固定資産の減損

■減価償却している固定資産をさらに減損するのはなぜ？

「**減損**」とは、**資産の収益性の低下により投資額の回収が見込めなくなった状態**をいいます。そして、減損処理とは、そのような場合に一定の条件の下で回収可能性を反映させるように帳簿価額を減額する会計処理であります。言い方を変えると、投資したお金がきちんと投資した固定資産から回収されているか否かをチェックするものです。チェックした結果、回収可能性がないと判断された固定資産については、その帳簿価額を回収可能価額まで減額することにより、将来の損失を先送りしないということを目的とします。では、なぜ土地等の非償却資産のみならず毎期減価償却している固定資産についても減損処理を強いられるのでしょうか。

そもそも、固定資産から**利益が生じるという前提があることで資産計上が認められるわけ**で、その前提が崩れてしまったら、当該固定資産については**(簿価相当の)資産価値が毀損しており、資産性が認められるところまで落とす**(減損損失という形で減額する)ことが求められます。ちなみに、ここでいう資産性の有無の判定について、将来キャッシュ・フローを用いて算出するというところからも、この減損会計は「会計上の見積り」の領域ということになります。

これからお話しする減損会計の対象となる資産は、基本的には固定資産ですが、例えば**金融資産や繰延税金資産は減損会計の対象外**となる一方で、**のれんやリース資産については対象資産**となります。よって、「投資有価証券について減損処理を行いました」などと表現することがよくありますが、これは減損会計とは別の話で、単なる評価減ということになります。

■ステップ1・資産のグルーピング——範囲設定の恣意性

減損会計はいくつかのステップを踏みます。最初のステップとして、**資産のグルーピング**を行うことになるのですが、これは※**他の資産または資産グループのキャッシュ・フローから概ね独立した最小の単位**で行うこととされています。例えば管理会計上の区分や投資の意思決定を行う際の単位等が基礎となるもので、その場合はすでに継続的な収支の把握が単位ごとになされているかと思います。

グルーピングの単位が決まったら、今度はそれらの間で**キャッシュ・インフローが相互補完的か否か**について検討をします。例えば、部品工場と製品工場が別のグルーピン

※ 飲食業の場合、個々の店舗ごとにグルーピングをします。また、店舗がキャッシュ・フローの最小の単位であることから、エリアをグルーピング単位とすることはできません。

グ単位であったとしても、供給関係にあればそれは相互補完的とみなし、1つのグルーピングにまとめます。また、製品Aと製品Bについてはそれぞれ収支管理がされているものの、市場や得意先の類似性等によって1つのグルーピングとするといったこともあります。

ただ、このあたりも**実は恣意性が介入する余地がある**もので、例えば儲かっていない(過去2期連続赤字の)グループDがあって、このグループDだけみれば減損の兆候ありとなっていたとします。しかし、その会社のメイン事業であるグループAが大きな黒字事業であって、そのAとDを一体と考えた場合には黒字となるといった場合、会社としては何とか理屈をつけてAとDとを同一グループとすることでDの減損を回避するといったこともできてしまいます。

また、グルーピングにおいては、**本社建物や研究開発施設、福利厚生施設など共用資産や「のれん」**については、**それ自体では独立したキャッシュ・フローを生み出さない**ことから、その扱いも重要論点になります。原則として、その共用資産や「のれん」が将来キャッシュ・フローの生成に寄与している資産または資産グループを含む、**より大きな単位でグルーピング**を行うこととなります(本章のコラム参照)。

以上より、最初のステップについては、グルーピング次第によっては減損回避が意図的にできることとなるため、このような会計ルールの実情を踏まえて、**そのグルーピングが減損回避のためのものではなく、あくまで実態を適切に反映したものとなっているかを検討**することが重要になります。

■ステップ2・減損の兆候の把握──「兆候あり」となる場合

資産または資産グループに**減損の兆候**がある場合には、当該資産または資産グループについて、**減損損失を認識するかどうかの判定を行う**とされていて、2つ目のステップである減損の兆候の把握としては、例えば次の事象が兆候にあたると考えられています。

① 営業活動から生ずる損益またはキャッシュ・フローが継続してマイナスの場合
② 使用範囲または方法について回収可能価額を著しく低下させる変化がある場合
③ 経営環境の著しい悪化の場合
④ 市場価格の著しい下落の場合

①の「営業活動から生ずる損益またはキャッシュ・フロー」については**本社費等の間接的に生ずる費用が含まれる点に注意が必要**です。また、「継続して」というのは、**概**

ね過去2期とされています。ただし、例えば新規事業で最初の3年は赤字であると当初から事業計画などによって予定されていた場合などは、減損の兆候には該当しないこととされています。

②の「使用範囲または方法」が変化する場合というのは、その前提に**取締役会等における用途変更の意思決定があるはず**なので、実際に変化する前に当該変化を認識するためには、**議事録や稟議書等によって把握**することになると思われます。そして、その固定資産が将来の用途が定まっていない**遊休状態となる場合には、その時点で減損の兆候ありと判定**されることとなります。

③の「経営環境の著しい悪化」とは、まさに昨今猛威を振るっている新型コロナウイルスの感染拡大による影響の場合などが該当することとなりましょう。また、それによって店舗や工場の閉鎖をするとなった場合には、先ほどの兆候の例である「使用範囲または方法について回収可能価額を著しく低下させる変化がある場合」に該当することともなります。

④の「市場価格の著しい下落」というのは、例えば、資産グループの帳簿価額のうち大きな割合を占める土地について、少なくとも市場価格が帳簿価額から50%以上下落した場合などが該当することとなります。

■ステップ3・減損損失の認識の判定——トリガーイベントの発生

3つ目のステップは、減損損失を認識するかの判定に際して**将来キャッシュ・フローの算定**を行うこととなります。将来キャッシュ・フローは、**企業に固有の事情を反映した合理的で説明可能な仮定及び予測**に基づいて見積もることとされており、例えば新型コロナウイルスの影響の場合であれば、それによってどの程度のダメージを受けることになるのか、将来の業績にどのような影響を及ぼすことになるのかを、企業自らが合理的で説明可能な仮定を置いて見積もることが必要になります。

減損の兆候がある資産または資産グループから得られる**割引前将来キャッシュ・フローの総額が、これらの帳簿価額を下回る場合（トリガー）に減損損失の認識が必要と判定**されます。そして、一般に長期間にわたる将来キャッシュ・フローの見積りの不確実性は高くなるため、割引前将来キャッシュ・フローの見積り期間については、資産または資産グループにおける※**主要な資産の経済的残存使用年数と20年のいずれか短い方**とすることとされています。

このあたりがまた**恣意性が介入する余地がある**ところなのですが、**将来キャッシュ・フローの見積り期間については長ければ長いほど総額が大きくなることで減損を回避しやすく**なります。例えば、ある工場設備における主要な資産が土地だとした場合、

※　経済的残存使用年数が20年を超える場合には、21年目以降に見込まれる将来キャッシュ・フローに基づいて、20年経過時点の回収可能価額（20年経過時点の正味売却価額または使用価値）を算定し、20年目までの割引前将来キャッシュ・フローに加算します。また、20年を超えない場合には、主要な資産の経済的残存使用年数経過時点における主要な資産の正味売却価額などを当該主要な資産の経済的残存使用年数までの割引前将来キャッシュ・フローに加算します。

土地の場合は経済的残存耐用年数が無限となるため見積期間は20年となりますが、その工場が高度にＦＡ化されているといったケースで、そこでの主要な資産は特定の機械装置（産業用ロボット等）であるとされた場合、仮にその機械装置の経済的残存使用年数があと４年であれば、見積期間は４年となるわけです。

■ステップ４・減損損失の額の測定――事業計画との整合性

４つ目のステップは、減損損失を認識すべきであると判定された資産または資産グループについては、**帳簿価額を回収可能価額まで減額し、当該減少額を減損損失として認識する**こととなります。回収可能価額とは、資産または資産グループの正味売却価額と使用価値のいずれか高いほうの金額とされています。

正味売却価額とは、売却による回収額のことであり、時価[※1]から処分費用見込額を控除して算定されます。**使用価値**とは、継続的使用と使用後の処分によって生ずると見込まれる将来キャッシュ・フローの現在価値をいいます。特に慎重な判断が求められるのは、**見積りの要素が強いがゆえに不確実性が高いとされる使用価値**の方になります。

使用価値における将来キャッシュ・フローの見積りにおいては、取締役会等で承認された正式な中期経営計画や事業計画、予算編成などにおける計画数値と整合している必

※1　通常は外部の不動産鑑定士から鑑定評価額を入手し、合理的に算定された価額を見積もる必要があります。

要があります（後述する繰延税金資産の回収可能性についても同様です）。すなわち、事業計画は通常、積み上げ方式にて策定されており、またグルーピングの単位と一致していると思われるので、その**グルーピング単位を合計したものと全社レベルの事業計画等とが数値レベルで一致している必要があります**。

将来キャッシュ・フローの現在価値を算出するための割引率については、第1章にて触れた加重平均資本コスト（WACC）[※2]を用いるのが一般的でありますが、企業に固有の事情を反映させるといった場合には、例えば資産に固有のリスクを反映した収益率としてハードルレートを使用するということも考えられます。

■ステップ5・会計処理

最後のステップで、減損損失の計上をすることになるのですが、資産グループについて認識された減損損失は**各資産の帳簿価額に基づいて比例配分する方法などによって計上**されることとなります。また、償却性の資産については、減損処理後の帳簿価額に基づいて減価償却を行っていくこととなります。

※2　使用価値を算出するための将来キャッシュ・フローは税引前のもので見積もられるため、ここでのWACCも税引前のもので算出する必要があります。

■減損会計は裁量が介入する余地大

会計上、多額の減損損失を計上するということは、それは投資の失敗を意味するわけですから、**株主に対して投資の失敗を認めた**ということと同義です。そして、なぜ投資が失敗したのかというところですが、それが急激な事業環境の変化というマネジメントにとって予期しえないものだったのか、もしくはマネジメントにおける投資に対する見通しの甘さ、すなわち**経営層の経営責任にあたるものか**ということになってきます。

これまで見てきたように、固定資産の減損処理についてはマネジメントにおける裁量の幅が大きいものでもあります。減損を回避したり、はたまた認識するタイミングや金額を操作したりといったことも割とできてしまうものです。

例えば、昔に某自動車会社によるリバイバルプランなるものがありましたが、ビッグバス※を通じて必要以上の減損損失を計上したのち、翌期においてV字回復を演出しようとするようなこともできてしまうのです。また、過去においてずっと減損を先送りにしてきていて、新型コロナウイルスの影響によってここぞとばかりに減損損失を計上することで過去の投資の失敗をすり替えるという不埒なことを考えた企業もあったのではないでしょうか。

※ ビッグバスとは、ある期間において必要以上に多額な損失を計上することで潜在的な損失を一掃し、翌期以降の利益の増加を目論むことをいいます。

繰延税金資産の回収可能性

■一時差異の「一時」は何を意味するのか

税効果会計の専門書に頻出する**「一時差異」**という用語があります。これを理解するポイントは、一時差異の「一時」は何を意味するのかということです。

例えば、固定資産の減損損失や、棚卸資産の滞留在庫や非上場株式の評価減などは、基本的に**会計上で費用計上しても税務上は損金として認められません**。これを、昔はよく「有税処理」などと言っていました。すなわち費用計上したとしても税金を減少させる効果がないので、このような呼び方をします。

棚卸資産や有価証券を評価減しても基本的には損金にはならないですが、それを売却なり除却したときに初めて損金になります。要するに、**評価減をした在庫がまだ残っているうちは税務上損金とはならないものの、これらの資産はいずれ処分（販売や廃棄）されるわけで、その際には損金になる**という意味で、**一時的に会計の方が（費用計上が）先行する**ということで**「一時」**という言葉を使っています。

この一時差異は、いずれ処分等されることによって解消されるものであるということは、将来において**処分した際に会計上は何ら費用計上をしていなくても税務上の損金となる**ので、その分将来の利益（課税所得）と相殺されることで税金を減額させる効果を有することとなります。**会計の利益をベースに計算した税金費用よりも少ない税金で済む**こととなるわけです。そして、将来的に課税所得を減額させることができる一時差異ということで「将来減算一時差異」といいます。

一時差異[※1]の意味がわかると税効果会計が理解でき、また繰延税金資産の回収可能性やスケジューリングといった概念の理解へと深めていくことができます。

■繰延税金資産の回収可能性

税効果会計の定義を確認すると、一時差異が解消されるときに、税金を減額（または増額）させる効果がある場合に、その一時差異の発生年度にそれに対応する繰延税金資産[※2]（または繰延税金負債）を計上することとされています。これを少しばかり砕いて解釈すると、**将来的に税金を減額させる効果を見積もって、それを資産計上**しようというのが税効果会計ということになります。

以上より、税効果会計というのは**将来の税金減額効果について、財務諸表上における資産性を見出している**ということになるわけですが、ここでこんな疑問が浮かぶ方もい

※1　これに対して、交際費や罰課金、受取配当金は、会計上は「費用または収益」として計上されますが、税務上は永久に「損金または益金」に算入されないという意味で、これらを永久差異と呼んでおります。この永久差異は税効果会計の対象とはなりません。

※2　税効果会計の適用により貸借対照表上は繰延税金資産・負債の計上がされることとなりますが、損益計算書においては「法人税等調整額」が「法人税、住民税及び事業税」から加減される形で表示されます。これによって、「税引前当期純利益」に対して、税金費用（＝「法人税、住民税及び事業税」±「法人税等調整額」）を期間対応させることとなります。

らっしゃるでしょう。「当社は例年赤字続きでこの先も見通しが立たず、ずっと納税してきていない会社なので、仮に将来減算一時差異が発生しても将来の税金減額効果はないのではないか？」

将来減算一時差異の発生年度に繰延税金資産を計上するものの、この赤字続きの会社のように将来において税金減額効果がなければ、その繰延税金資産には資産性を見出すことはできない、すなわち回収可能性はないということになるわけです。ですので、裏を返すと、**繰延税金資産に回収可能性があると**言うためには、**将来減算一時差異の解消時においてそれに見合う課税所得が発生しているということが条件になる**わけです。

繰延税金資産というのは、いずれ将来減算一時差異が解消されたときに税金減額効果を有すると判断できるもののみが資産として計上でき、そうでないものは資産として計上できません。そして、そもそも繰延税金資産は即物的には資金裏付けのない資産ということですから、その回収可能性の判断には慎重であるべきです。具体的には、**毎期の見直しを行うことで、将来の税金減額効果が見込まれなくなった場合には、適時に取り崩す**必要があるということです。

その将来的に解消されるはずの一時差異についていうと、賞与引当金や未払事業税に係る一時差異のように翌期において解消されるものもあれば、建物の減価償却超過額や退職給付引当金に係る一時差異のようにスケジューリングの結果、長期にわたって解消されるというものもあります。これらの一時差異に関しては、企業の財務状況に応じた分類区分ごとに、回収可能性をどう判断するかに関する取扱いが定められています。

分類ごとの繰延税金資産の回収可能性

分類	適用指標	
	分類の要件	回収可能性に関する取扱い
分類1	・過去(3年)および当期の全ての事業年度において、期末における将来減算一時差異を十分に上回る課税所得が生じている。 ・当期末において、近い将来に経営環境に著しい変化が見込まれない。	繰延税金資産全額が回収可能
分類2 (注1)	・過去(3年)および当期の全ての事業年度において、臨時的な原因により生じたものを除いた課税所得が、期末における将来減算一時差異を下回るものの、安定的に生じている。 ・当期末において、近い将来に経営環境に著しい変化が見込まれない。 ・過去(3年)および当期のいずれの事業年度においても重要な税務上の欠損金が生じていない。	スケジューリングの範囲で繰延税金資産は回収可能
分類3 (注2)	・過去(3年)および当期において、臨時的な原因により生じたものを除いた課税所得が大きく増減している。 ・過去(3年)および当期のいずれの事業年度においても重要な税務上の欠損金が生じていない。	将来の合理的な見積可能期間(おおむね5年)以内のスケジューリング額
分類4 (注3)	・過去(3年)又は当期において、重要な税務上の欠損金が生じている。 ・翌期において一時差異等加減算前課税所得(注4)が生じることが見込まれる。	翌期のスケジューリング額
分類5	過去(3年)および当期のすべての事業年度において、重要な税務上の欠損金が生じている。	繰延税金資産の回収可能性なし

(注1)原則として、スケジューリング不能な将来減算一時差異に係る繰延税金資産について、回収可能性がないものとする。ただし、将来のいずれかの時点で回収できることを企業が合理的な根拠をもって説明する場合、当該スケジューリング不能な将来減算一時差異に係る繰延税金資産は回収可能性があるものとする。

(注2) 5年を超える見積可能期間においてスケジューリングされた一時差異等に係る繰延税金資産が回収可能であることを企業が合理的な根拠をもって説明する場合、当該繰延税金資産は回収可能性はあるものとする。

(注3)将来の一時差異等加減算前課税所得の十分性を、企業が合理的な根拠をもって説明するときは分類2または分類3に該当するものとして扱うことができる。

(注4)一時差異等加減算前課税所得とは、将来の事業年度における課税所得の見積額から、当該事業年度において解消することが見込まれる当期末に存在する将来減算一時差異の金額を除いた額のことです。

■「スケジューリングが可能」と言うためには

ここでスケジューリングという新しい言葉が出てきたので説明しますと、スケジューリングというのは**翌期以降において一時差異の解消時期や税務上の繰越欠損金の控除時期を見込む**ことをいいます。ちなみに、66ページの分類でいう分類1は繰延税金資産全額が回収可能性ありとされ、分類5については全額なしとされているため、基本的にスケジューリングは不要ということとなります。

また、一時差異の中にはスケジューリングが不能な一時差異というのもあって、例えば土地について減損損失を計上した場合を考えてみると、この土地がまだ事業の用に供していて、いつ売却処分するかの時期が未定であり、いつ税務上損金化できるかがわからないといった場合、それを「スケジューリング不能な一時差異」といいます。

ちなみに、取締役会において**単に土地の売却の意思決定をしただけでは売却の実現可能性については不明**であり、**スケジューリング不能な一時差異に該当**するという点に注意が必要です。それでもスケジューリングが可能であるというためには、例えば**売却の相手先を明示するなど実現可能性が高いことを疎明**する必要があります。

それ以外にも、不良債権に対して貸倒引当金を設定した場合で、**期末において相手先**

※ 税務上の繰越欠損金は一時差異ではありませんが、将来的に課税所得が発生した際には、それを減額させて税金費用を減らすため、一時差異と同様の効果を有するという意味で、一時差異に準ずるものとして取り扱われています。

の倒産等、将来の一定事実の発生が見込まれず、税務上損金となる時期が明確でない場合もスケジューリング不能とされます。そして、66ページの表を見ていただければわかるように、原則として分類1の企業のみが「スケジューリング不能な一時差異」についても繰延税金資産の計上ができるという扱いになっています。

また、**解消見込年度が長期にわたる将来減算一時差異**というのもあって（下表参照）、具体的には建物の減価償却超過額や退職給付引当金に係る将来減算一時差異などが該当します。建物の減価償却超過額でいえば、税務上の耐用年数が15年であるのを経済的耐用年数5年と見積もって償却を行った場合などは、将来減算一時差異が発生し、長期にわたり償却を通じて解消されることとなります。

退職給付引当金に係る将来減算一時差異は、実際に従業員が退職して退職金を支給した段階で将来減算一時差異が解消されるため、解消見込年度が長期にわたるということとなります。

そして、この解消見込年度が長期にわたる将来減算一時差異の扱いについては、例えば**分類4の会社では翌期に解消が見込まれる将来減算一時差異に係る繰延税金資産のみ**が回収可能性があると判断されるため、それ以降の年度の将来減算一時差異に係る繰延税金資産については**回収不能**という扱いになってしまいます。

		解消年度						
	×0年末残高	×1年	×2年	×3年	×4年	×5年	×6年以降（長期解消）	スケジューリング不能
将来減算一時差異								
賞与引当金	500	500						
未払事業税	200	200						
建物減価償却超過額	4,500	300	300	300	300	300	3,000	
退職給付引当金	500	40	40	40	40	40	300	
減損損失	4,000							4,000
貸倒引当金	200							200

■企業の分類がランクダウンしたらどうなるか

スケジューリングの解説をしたところで、分類の話に戻ります。分類1のようにバリバリ儲かっていて将来の不安もないような会社や分類5のようなダメダメで将来も不安しかない会社は、分類の決定も割と簡単ですが、そうではない2〜4に分類されるような会社については、その中の**どこに分類されるかで繰延税金資産の回収可能性も決まってきてしまう**こととなり、非常に慎重な検討が必要となります。

分類1と分類2の要件に「近い将来に経営環境に著しい変化が見込まれない」というのがありますが、例えば新型コロナウイルスによる経済活動の停滞の影響を受けている企業においてはここが論点になったと聞きます。これによって**分類2であった企業が分類3にランクダウン**することによって、**スケジューリング不能な一時差異などに係る繰延税金資産の取り崩しを迫られる**という結果となるためです。

この要件は、仮に過去3年及び当期も安定的に課税所得は発生しているものの、それをもって将来についても一定の課税所得を発生させるとは限らないということを意味しています。例えば、よく消費スタイルの変化などアフターコロナのニューノーマル（行動様式の変化）が予想されているように、果たしてコロナが終息した後もコロナ前の状態に戻るかというと、業種・業界によってはそうではないものもあるはずです。そういった企業群については、自社を取り巻く経営環境についてより一層慎重な判断が必要となります。

■分類4なのに分類3（や分類2）として扱っていい場合とは？

もう一つ、分類上で重要なのが**分類4の例外規定を適用する場合、すなわち分類4の企業が分類3に該当するものとして取り扱われる場合**です。これは66ページの表の（注3）にあるように将来の**課税所得[※1]の十分性を、合理的な根拠をもって説明できる**ことが必要で、その合理的な根拠というのは、重要な税務上の欠損金が生じた原因、中長期計画、過去における中長期計画の達成状況及び過去（3年）及び当期の課税所得または税務上の欠損金の推移等によって総合的に勘案されて判断されることとなります。

具体的には、分類4における**「重要な税務上の欠損金」について、当期において（リストラ等によって）臨時的に多額に生じたものの、過去3年は概ね課税所得が発生しているとか、過去の中長期計画も概ね達成しているといった場合**で、将来的に課税所得が生じることを企業が合理的な根拠をもって説明できるなどのケースにおいては、形式的には分類4に該当するものの分類3に該当するものとして取り扱ってもいいということになっています。

※1　厳密には、一時差異等加減算前課税所得ですが、ここでは説明の簡便性を考えて課税所得としております。

ちなみに、この**分類4から分類3へのランクアップ**というのは実務においても非常に重要です。というのも、分類3に該当すれば最大で5年分の課税所得の見積額に基づいて繰延税金資産を計上することができますが、分類4の場合は原則として翌期の課税所得の見積額のみに基づいて計上することとなるためです。よって、この**税務上の欠損金が重要**[※2]**か否か**というのも一つのポイントとなっています。

新型コロナウイルスの感染拡大の影響で重要な税務上の欠損金が生じた場合は、分類4の「過去(3年)または当期において、重要な税務上の欠損金が生じている」に該当することとなりますが、先述のように合理的な根拠をもって説明できれば、分類3(場合によっては分類2)までランクアップさせることができます。ただ、新型コロナウイルスの感染拡大の影響のように収束時期等[※3]を**予測することが困難な場合であっても、企業は自ら一定の仮定を置いて最善の見積り**[※4]**を行う必要がある**とされており、その場合は、例えば「収束時期については2020年○月」との仮定を置いたうえで会計上の見積り、特に将来キャッシュ・フローや課税所得の予測を行うということになります。

■直近の業績が将来計画を決める

以上、「分類」及び「スケジューリング」という税効果会計に特有な会計上の見積り

※2 何を基準に「重要」と判断するかは明確にされていません。よって、個々の企業の状況に応じて判断することとなります。

※3 2021年の春から夏にかけて、デルタ株が広がりをみせました。ワクチン接種率の向上とともに感染者数が減少してきたと思ったら、今度はオミクロン株による感染再拡大の状況となり、現在に至ります。これらを踏まえると、本感染症の収束時期を正確に見通すことが依然として困難な状況にあるといえそうです。

※4 新型コロナウイルス感染症の影響下における最善の見積りを行った結果として見積もられた金額については、事後的な結果との間に乖離が生じたとしても誤謬には当たらないものとされています。

の話をしてきましたが、繰延税金資産の回収可能性の判断において**最も重要なのは、将来の課税所得の見積りを適切に行うこと**です。

この将来の課税所得については、将来の業績予測に基づいたものである必要があり、その将来の業績予測についても、取締役会等の適切な権限を有する機関の承認を得た正式な中期経営計画や事業計画、予算編成などに基づいたものであるという前提が置かれています。**経理部の職員だけで鉛筆を舐めて作成した業績予測では不十分**であるということです。

機関決定された中期経営計画等と繰延税金資産の回収可能性がリンクするということは、**経営陣が将来どのような見通しを持っているのかということが会計上の判断に重要な影響を及ぼす**ということを意味します。よって、役員として将来的な損益計画（業績予測）を承認する際も、例えば繰延税金資産の計上額を増やすために計画上における翌期以降の課税所得を著しく改善させたり、または実現可能性の低い販売計画などが紛れ込んでいたりする場合は大きな問題です。

先ほども触れたように、**業績予測の達成可能性については、過去の業績予測の達成状況を勘案することが必要**です。それは往々にして、業績予測にはマネジメント側の期待値や目標値込みのものになっている場合があるためです。その会社の特徴やクセというのは必ずあるので、あくまで客観的に、かつ不透明要因が多い場合にはむしろ保守的に見積りを行うことが求められます。

多くの上場会社が公表している中期経営計画についても、強気の数字になっているものもあり、多くの企業において計画未達であるというのが現実です。なかには、各部門から出されてきた数字を単純に積み上げただけの、しかもそこには部門長の希望的観測が多分に混じっているといった計画になっているものもあります。このようないわば磨き込まれていない業績予測をベースに繰延税金資産の回収可能性を判断することははたして適切なのかというと決してそうではありません。

実務的な話をすると、将来の計画はあくまで将来のことで未知なるものです。ただ、それに信憑性を与えるのは、あくまで過去実績ということになるわけで、要するに**足元の業績が将来計画を決める**といっても過言ではありません。よってここは税効果会計の怖いところでもあるのですが、**直近の業績が悪いと、将来計画についてはある程度は保守的に考えざるを得ず、その結果、繰延税金資産の取り崩しも必要となり、さらなる（会計上の）業績の悪化というスパイラルに陥る**こととなります。

■タックスプランニングの重要性

最後に、タックスプランニングについて触れて終わります。タックスプランニングとは、将来の法人税等の発生につき計画を行うことをいいます。含み益のある不動産や有価証券などを将来的に売却すると、それによって発生する利益が、将来の課税所得の見積り額に含まれることとなり、**繰延税金資産の回収可能性が裏付けられ**ます。

そうすると、そのタックスプランニングを裏付けるための、**資産の売却等に係る意思決定の有無及び実現可能性や売却される資産の含み益等に係る金額の妥当性**といったものが重要になってきます。先ほど、土地の減損損失に係る一時差異について、スケジューリングが可能か不能かについては、単に土地の売却の意思決定をしただけでは売却の実現可能性はないことと同義であるといいましたが、これも同様で、例えば売却の相手先が明らかであるなど実現可能性が高いということをもってタックスプランニングひいては繰延税金資産の回収可能性が裏付けられることとなります。

Column

のれんの減損

■のれんの減損が必要になる場合とは

第4章の「連結会計」及び第5章の「組織再編」において解説します会計上の「のれん」について、その減損のお話をしたいと思います。M&Aにおいて、買収先の会社の調査を十分に行い、その会社の技術力や成長力を見込んだうえで、さらに当社との相乗効果についての見極めもできたというタイミングで買収を実行したとします。

しかし、その後の事業環境の悪化を受けて、当初想定していた「超過収益力」[※1]や「シナジー効果」も残念ながら見込むことができなくなり、収支計画を修正せざるを得なくなった結果、**財務会計の上ではのれんの減損損失が必要**になってきます。

■超過収益力の減少に合わせてのれんは償却される

もし買収の効果が当初の想定通りに発揮されていれば、買収の効果である利益の増加とのれんの償却額が会計上では相殺され、収益と費用が対応していたというところでした。

※1　被買収企業のビジネスモデル、優秀な人材、製造ノウハウ、業界における優位的地位等をいいます。

ちなみに、のれんは、20年以内のその効果の及ぶ期間にわたって、定額法その他の合理的な方法により規則的に償却するとされておりますが、[※2]そもそもこの耐用年数を何年にするかは、M＆Aの効果の発現期間の見積りであり、非常に予測するのが難しいところです。実務においては、被買収企業が属する業界特性やライフサイクル等を勘案し、超過収益力の発現期間を合理的に見積もることによって耐用年数を決めることとなります。

このようにのれんを償却するということは、のれんの価値（簿価）を減額するという意味で、のれんの減損と同様です。ただ、のれんの償却に関しては[※3]税務上の損金算入（5年の償却期間）ができますが、[※4]減損に関しては損金にはならない点で異なります。

■のれんの減損の要否を判定するのは事業計画

M＆Aにおける買収額については、一般的には**理論的な買収価額（株価）が算出され（バリュエーションといいます）**、取締役会においては、そのバリュエーション結果を参照し、それに基づいてM＆Aにおける買収額を決定することとなります。その買収価額の算出方法の一つに第1章で紹介したＤＣＦ法があり、**実務上はほぼＤＣＦ法による算出結果が採用**されます。繰り返しになりますが、そのためには**将来の事業計画（収支計**

※2　単体上の子会社株式を実質価額まで減損処理した場合、連結上も整合をとるため、のれんの追加償却が必要となる場合があります。

※3　償却期間の具体的な決定方法は明示されていないため、最終的にはマネジメントの判断に委ねられることになります。

※4　183ページ参照

画）が必要となります。

よって、まずこの買収の検討段階における**被買収企業の事業計画がＤＣＦ法による算定の前提となり、そこで決定された買収価額によってのれんの金額が決まる**ということになりますので、その意味では、この事業計画がのれんの計上根拠となっているわけです。当然、その後に経営環境が変われば、当初の事業計画に修正が加わることもありますが、基本的にはこの**修正後の事業計画によってのれんの減損の要否を判断し、また減損損失の金額を測定する**こととなります。

ちなみに、事業計画の修正を伴うのは、単に経営環境の変化による被買収企業の業績悪化だけではありません。そもそも買収対価が、[※1]過度に楽観的な予測に基づくものであったり、発現もしないようなシナジー効果を見込んでいたなどもそうですし、買収後の[※2]ＰＭＩの失敗というのも要因の一つとして挙げることができます。さらに、買収の際に[※3]見落としていたリスクが顕在化するというのも、事業計画の修正を迫られるものといえましょう。

■のれんの減損の会計処理——のれんの分割

のれんの減損処理の話に移ります。こちらも減損会計におけるように**いくつかのステ**

※1　多額のプレミアムが支払われた結果としてのれんが過大に計上されている場合には、それ自体でのれんに減損の兆候が生じているとみなされることがあります。

※2　ＰＭＩとは、Post Merger Integration の略で、M&A（企業の合併・買収）成立後の統合プロセスとマネジメントのことをいいます。

※3　通常、買収前にデューデリジェンスといって財務や税務、法務のリスクの有無の確認をすることになります。

ップを踏んでいくこととなります。まず、Ｍ＆Ａによって買収した会社が**複数の事業を営んでいた場合においては、合理的な基準によってその事業ごとにのれんを分割する**こととなります。

図１のＳｔｅｐ１にあるように、仮にＡとＢの二つの事業を有する会社を買収した際に５００ののれんが発生した場合には、これを例えば買収時に見込んだＡとＢの事業価値の割合などによって按分します。Ａ事業の価値を８００、Ｂ事業の価値を２００と見込んで１０００で買収した結果５００ののれんが発生したといった場合には、５００ののれんを４：１の割合で分割するといった具合です。

そのうえで、のれんの減損損失の認識と測定に関しては、原則として、のれんが帰属する事業に関連する複数の資産グループにのれんを加えた、より大きな単位で減損の兆候の判定および減損損失の測定を行うこととなります。例えば、図１のＡ事業においては、本来は減損の認識や測定は資産グループ単位で行うものの、のれんの減損に関しては資産グループＡ－１、Ａ－２、Ａ－３全て合算したうえで検討するということになります。

ちなみに、**のれんの減損の兆候判定**を行う際の注意点ですが、のれんは単独ではキャ

図 1

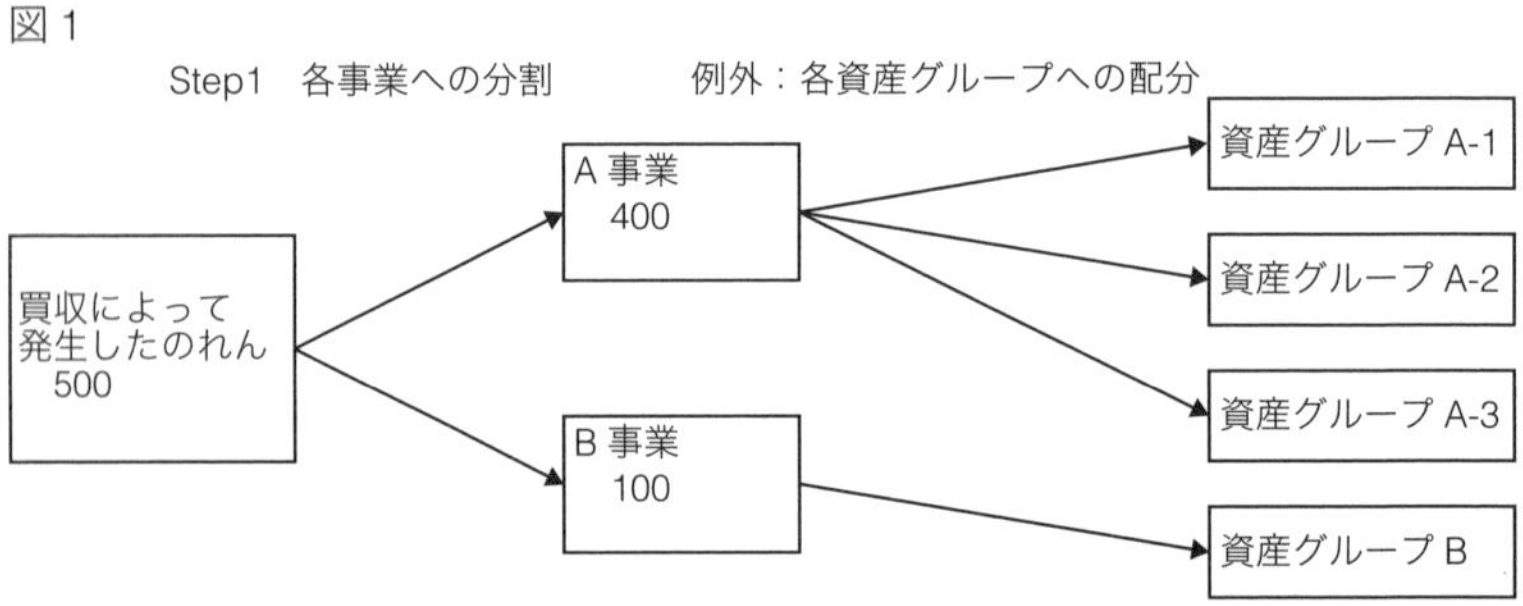

ッシュを生み出せず、また共用資産[※1]と異なり、それ自体では減損の兆候の有無を判断できないので、**のれんを含む、より大きな単位で判断される**こととなります。そして、減損の兆候[※2]ありとなった場合に、のれんの減損の認識の有無を判定することとなります。

■資産グループごとの減損損失の認識と測定

図2のStep2のように資産グループごとの減損損失の認識と測定を行うこととなります。これは本章においてすでに解説したことと同じで、各資産グループ単位において(仮に減損の兆候があったとして)A-1においては帳簿価額＜割引前CFなので減損は認識しないと判定されますが、A-2やA-3は帳簿価額＞割引前CFなので減損の認識はするということになります。

A-2の場合は、割引前CFを一定の資本コストによって割り引くことで回収可能価額を算定した結果、帳簿価額500と回収可能価額330との差額である170の減損損失を計上するといった流れになります。同様にA-3の場合においては100の減損損失が計上されることになりますが、これらはともにのれん以外の固定資産に係る減損ということです。

※1 共用資産については、例えばその処分が決定された場合や、用途変更、遊休状態、著しい市場価格の下落など、共用資産自体に減損の兆候があると判定されることがあります。

※2 いわゆる連結ののれんの償却額を加味した損益を用いて、減損の兆候の判定を行うことに留意が必要です。

図2 Step2 資産グループごとの減損損失の認識と測定

	A-1	A-2	A-3	のれん	合計：A事業
帳簿価額	600	500	300	400	1,800
割引前CF	1,000	400	250	-	1,650
減損の認識	しない	する	する		
回収可能価額	900	330	200	-	1,430
減損損失	0	170	100		
減損後簿価	600	330	200	400	1,530

■のれんを含む、より大きな単位での減損損失を認識と測定

のれんを含む、より大きな単位について減損損失を認識するかどうかを判定するに際しては、のれんを含まない各資産グループにおいて算定された減損損失控除前の帳簿価額にのれんの帳簿価額を加えた金額と、割引前将来キャッシュ・フローの総額とを比較することとなります。図3については図2の数字と同様ですが、図の右側の「合計：A事業」において、のれんを加えた簿価（1800）＞割引前CF（1650）であるので、減損は認識するということとなります。

ここでのポイントは、より大きな単位（A事業全体のこと）の回収可能価額まで減額するという点です。図3の例ですと、簿価1800を回収可能価額1430まで減額するということですから、減損損失は370となります。すでにA－2において170、A－3において100の減損損失が確定しているので、減損損失の増加額は100となり、これをのれんに配分します。

■のれんの帳簿価額を各資産グループに配分する方法

先ほどは、原則としてより大きな単位で減損の兆候の判定および減損損失の測定を行うといいましたが、例外として当該のれんが帰属する事業に関連する資産グループに合

図3　Step3　のれんを含む、より大きな単位での減損損失の認識と判定

	A-1	A-2	A-3	のれん	合計：A 事業
帳簿価額	600	500	300	400	1,800
割引前 CF					1,650
減損の認識					する
回収可能価額					1,430
減損損失	0	170	100	100	370
減損後簿価	600	330	200	300	1,430

理的な基準によって配分したうえで減損の認識を判定するという方法も認められます。同じ数値例でいいますと、のれんの４００を資産グループＡ－１、Ａ－２、Ａ－３に配分したうえで、資産グループごとで減損損失の認識と測定を行うこととなります。

図４において、のれん４００を各資産グループにそれぞれＡ－１（１７０）、Ａ－２（１４０）、Ａ－３（90）と配分し、配分後の簿価と割引前ＣＦとを比較することとなります。Ａ－２の場合は、割引前ＣＦを割引後ＣＦとすることで回収可能価額を算定した結果、のれん合算後の帳簿価額６４０と回収可能価額３３０との差額である３１０の減損損失を計上することとなります。

各資産グループにおいて認識された減損損失は、のれんに優先的に配分されることになりますので、Ａ－２の場合の減損損失３１０のうち、のれんの減損は１４０でその他の固定資産の減損が１７０ということになります。

以上より、図４の例外処理についても原則処理と同じ数値例を用いいましたが、減損損失の金額も異なれば、減損後ののれんの金額も異なることとなります。また、**のれんは特に実態を有するものではなく、それ自体に価値があるものではないため、他の固定資産に比して優先して減損処理の対象となるといわれますが、必ずしもそうではないこと**

図４　例外：のれんを各資産グループに配分する場合

	A-1	A-2	A-3	のれん	合計：A 事業
帳簿価額	600	500	300	400	1,800
のれんの配分	170	140	90	-400	
配分後	770	640	390		
割引前 CF	1,000	400	250		1,650
減損の認識	しない	する	する		
回収可能価額	900	330	200		1,430
減損損失	0	310	190		500
減損後簿価	770	330	200		1,300

がこの数値例でご理解いただけたかと思います。

第3章　新株予約権

新株予約権は、有象無象の企業価値を構成する。

File 03

有償ストック・オプションの行使条件を判断する難しさ

取締役会議事録メモ　○月○日

野村　では、次に第2号議案に移りたいと思います。有償ストック・オプションの導入についてです。CGコードにおいても、役員報酬については中長期で業績連動かつ株主との利益共有という3要素が求められており、それらを満たすものでもあります。では藤川取締役、概要説明をお願いします。

藤川　当社においても、株価に連動したインセンティブ制度の一環としてこれまで無償ストック・オプションについての導入実績がございますが、このたびは役員向けの有償ストック・オプションなるものの導入をご検討いただきたく、本取締役会において上程させていただきました。有償ストック・オプションというのは……(制度の説明をする)。

野村　では、質疑に移りたいと思いますが、何かご意見のある方はいらっしゃいますでしょうか。

新庄　えーっと、今のうちの株価が@600くらいで、このストック・オプションの権利行使価額が@600ということと、このオプションバリューとやらが@15ということなので、株価が今後@615を上回れば儲けとなるということですね。賛成・賛成・大賛成！

金本 まず、このストック・オプションには業績条件など様々な行使条件が付けられているのはわかりましたが、それらの条件のうち「下限強制行使条件」について、もう少し詳細にご説明いただけますでしょうか。

藤川 はい、これは株価が仮に将来的に行使価額の半額である@300になった場合には、その時点で@600にて強制的に権利行使、すなわち付与対象者が買い取らないといけないというものです。ちなみに、当社においてはこれまで一度も株価が@300まで下落したことはなく、またもしこの条件を付けなければ新株予約権の発行価額は@80となります。

金本 ちなみに、個人的には株価条件そのものについて若干懐疑的で、業績と株価は必ずしも相関関係にはなく、よって業績に対してコミットメントするならまだしも、株価に対するコミットメントというのはどうかと思います。しかも、今回の「下限強制行使条件」というのは、株価が下がったら実質的に役員がそれを補填するという意味ですよね。それ自体、法的な問題すらある気がします。

新庄　まあまあ、そこまで株価は下がることはまずないんだし、@80より@15で買えた方が嬉しいし、自分はこれにBETします！

金本　新庄取締役、だからこれは博打ではないんですって。

新株予約権が活用される場面とは

■**インセンティブ制度や資金調達、買収防衛策に利用される新株予約権**

新株予約権（ストック・オプション含む）については、その発行について取締役会の決議事項となっています。よって、役会に参加する役員にとっては、**財務諸表に及ぼすインパクト**のみならず、**企業価値の向上にどういった形で寄与するのか**についての理解が必要です。新株予約権の様々な性質や、それぞれの会計処理方法まで大掴みにでも理解したほうがよいでしょう。

新株予約権とは、**新株をあらかじめ決められた価格で取得する権利**のことをいいますから、新株予約権の所有者は、それを行使して行使価格を払い込むことで、その企業の株式を取得することができます。新株予約権の発行企業においては、新株予約権が行使された場合、新株発行または自己株式の処分のいずれかの対応が必要になります。

新株予約権は、いわゆるコールオプション※1です。具体的にはストック・オプションやワラント（新株引受権）、転換社債型新株予約権付社債（Convertible Bond、ＣＢ）における転換権部分などのことをいい、それぞれ利用目的が異なります。**ストック・オプショ**

※1　特定の原資産について、一定の権利行使期間内に、あらかじめ定められた権利行使価格で「買う権利」のことになります。

ンは専らインセンティブ制度として活用され、**ワラントやCBについては主に資金調達目的**として活用されます。

新株予約権は**買収防衛策**に使われることもあります。その場合の活用方法としては、例えば差別的行使条件といって、20％を超える株式保有割合を有する株主は新株予約権を行使できないが、それ以外の株主は行使できるといった条件を付すことで、敵対的買収者に権利行使をさせず、逆に敵対的買収者保有株式の希薄化を狙うといったものになります。[※2]

このような買収防衛策を導入することが企業価値を向上させることになるのか、逆に買収防衛策の導入自体が株主共同の利益を毀損することとはならないか。過度な防衛策だったらダメだけどそうじゃなければＯＫなのか。そのあたりは、株主平等原則との兼ね合いもあり株式会社制度の根幹にも関わる重要な問題ではありますが、買収防衛策についての詳細な解説は本書の関心事ではないので割愛したいと思います。

※2　ライツプラン（別名ポイズンピル）の一種です。敵対的買収防止策としては、この他にも買収される会社の役員の退職金を高く設定することで買収意欲を削ぎ、買収を防止するというゴールデンパラシュートなどの手法もあります。

無償ストック・オプション

■ストック・オプションの基礎知識

まずは無償ストック・オプションから説明していきます。ストック・オプションはあくまでオプションなので、**権利行使[※1]するもしないも本人の自由**ということになります。仮に**将来的に株価が上昇せず逆に下がってしまったとしても損はしない**仕組みですし、**頑張って働いて会社の業績が向上し、株価も上昇すれば自分の実入りもそれだけ増えることになる**というインセンティブとしての効果を有するものです。

ですので、会社の側からすると、特にベンチャー企業などは、資金的な問題から従業員に対して相応の給与が払えない反面、ストック・オプションを報酬として付与することで優秀な人材を採用することができます。付与される側である従業員や役員にとっても、将来の株価上昇のために日々の業務を行うということですから、既存株主とも同じ目線を共有できることになります。

ちなみに、ストック・オプションには**権利確定条件**が付されているものが大部分であり、従業員等の付与対象者が勤務条件や業績条件などの一定の条件を満たして初めて、

※1　権利行使されると、株式の発行数は増加し、既存株主の一株当たりの持ち分が減少(株式の希薄化)することとなります。

ストック・オプションを行使できるということになります。例えば、2年間は勤務しないと行使できないとか、500億円の売上を達成しないと行使できないなどといったものが具体的な権利確定条件の内容となります。

ストック・オプションがその制度としてのメリットを最も発揮するのは、**非上場の会社が新規上場をする前に付与された人が、その会社が上場した後に権利行使する**といった場合ではないでしょうか。当社も業績が良くなってきたので、そろそろ知名度向上やもう一段の成長を目的にIPOを目指そうという段階になって、いざ監査法人とも監査契約を結び、主幹事証券会社も選任できたとなれば、早晩検討するのが社内の誰にどれだけストック・オプションを付与しようかということでしょう。

これは会社側も、付与される側である役員・従業員にもメリットがあるのですが、その話は後程するとして、先にオプションの価値については**本源的価値**と**時間的価値**の二つから成り立っているということについての簡単な説明をします。例えば、2年後に@1000で取得できる株式の株価が現時点で@1100であれば、この場合の本源的価値は100になります。

平たくいうと、本源的価値というのは**オプションが現時点で有している利益**をいい、この場合は仮に現時点で行使しても１００の利益を得られるので、本源的価値は１００となります。時間的価値というのは**将来の株価変動によって期待できる利益**のことで、仮に現時点の株価が＠９００であって本源的価値がなくても、この先2年の間には株価は＠１０００を超える可能性があるということで、この時間的価値が生まれます。

そして、この時間的価値は**株価のボラティリティ**[※2]と**満期までの期間**によって決まります。ボラティリティが高いということは株価の値動きが激しいということなので、その場合は＠１０００を超える可能性は高くなりますし、また満期までの期間が長くなればなるほど＠１０００を超える可能性は高くなるので、こういった場合の時間的価値は相対的に高くなります。

■ストック・オプションの会計上の影響

ストック・オプションを付与した会社側の会計処理を見ていきましょう。勤務条件が付されている場合から考えます。付与時点の株価は＠１０００で行使価格も＠１０００、対象勤務期間は2年間とします。そして、公正な評価額は３０００（公正な評価単価[※1]＠３００×付与数10）であったとした場合を考えると、会社側は1年間で１５００ずつ、2年間にわたり**株式報酬費用として費用計上**する必要があります（付与時点において会

※2　37ページ参照

※1　公正な評価単価とは、金融工学アプローチによって算出されるストック・オプションの理論的な評価額のことをいい、本源的価値と時間的価値の合計です。

計処理をすることはありません）。

会社側からすると、**従業員等から勤務というサービスを取得する対価**としてストック・オプションを付与していると考えますから、**公正な評価額３０００を対象勤務期間にわたって費用配分**するというのが現行の会計ルールです。そして、その費用計上に対応する金額を、権利行使または失効が確定するまでの間、**純資産の部に新株予約権として計上**することとなります。

では、勤務条件ではなくて業績条件が付されている場合の費用配分についてはどのようになるでしょうか。例えば売上高が５００億円に到達するという一定の業績条件だったとして、その条件を会社がストック・オプションを付与した時点から3年後に達成すると予測すれば、**株式報酬費用を3年間にわたり費用計上**していくこととなります。逆に、権利確定日に関して合理的な予測が困難な場合、例えば自社の株価が１００万円に到達するという株価条件である場合などはそもそも予測を行わず、会計上は対象勤務期間なしとみなして、**付与日において一時に費用計上**することとされています。

ちなみに、実際に権利行使され、これに対して新株を発行した場合、**純資産の部に計上されている新株予約権は資本金や資本準備金に振り替え**られます。一方、新株発行ではなく自己株式[※2]を処分した場合は、「自己株式の簿価」と「新株予約権の簿価＋権利行

※2　会計仕訳でいえば、次のようになります。

［仕訳］

借方		貸方	
現金預金	××	自己株式	××
新株予約権	××	自己株式処分差益	××

使に伴う払込金額」との差額は、自己株式処分差額(その他資本剰余金)として処理をします。また、権利行使がされず失効した場合は、新株予約権から新株予約権戻入益(特別利益)に振り替えることとなります。

■上場前での発行ならメリットが大きい

先ほどの制度としてのメリットの話に戻りますが、これが**非上場会社**であった場合、対象勤務期間に渡っての**費用計上をしなくてもいい**ということになっています。なぜかといいますと、非上場会社の場合の会計処理[※1]において、オプションの価値は本源的価値のみであって時間的価値は考慮しなくてもいいという立て付けとなっているためです。

非上場会社において、通常、付与時点の株価=権利行使価格として行使価格を決めますので、**本源的価値はそもそもゼロ**ということになり、結果として上場会社では行われる**費用計上が不要**ということになるわけです。先ほどの例を振り返ると、付与時点の株価は@1000で行使価格も@1000ということは、本源的価値はゼロであり、ただ、公正な評価額が3000と算出されているということは、時間的価値が3000あるということを意味するのですが、会計処理において費用計上が不要ということになります。まずこれが非上場会社における会社側のメリットです。

※1 未公開企業においては、ストック・オプションの公正な評価額について、損益計算に反映させるに足りるだけの信頼性をもって見積ることが困難であるとの理由によります。

従業員側のメリットはどうでしょうか。一般的に非上場会社の場合はIPO（やM&A）を目指す企業がストック・オプションの導入を考えると思いますが、その際の行使価格を、上場2期前くらいまではDCF法[※2]などの株価が高く算出されてしまう評価方法ではなく「純資産法」という一株当たりの純資産価額で算出できます。ご存じの通り、上場すると株価が大幅に跳ね上がりますから、従業員の側からしてみれば少ない株数（割当数）でも大きなキャピタルゲインを享受できるということとなります。

本来的には上場の蓋然性が高まった時点で、ストック・オプションの時価は潜在的に大幅に跳ね上がっているはずです。にもかかわらず会社がIPOの準備中であれば、ストック・オプションを発行しても、**会社においては費用計上が不要**で、かつ**従業員としても低い行使価格で済んで多額のキャピタルゲインを得る**ことができます。これが会社及び従業員双方にとって大きなメリットがあるといわれる所以になります。

■税制非適格ストック・オプションも選択肢のひとつ

さて、先ほど「通常は」付与時点の株価を行使価格とすると説明しましたが、このように設定する費用計上回避以外のもう一つの理由は、**税制優遇措置である税制適格ストック・オプションの要件**になっているからです。ちなみに、この優遇措置のないものを

※2　14～15ページにあるように企業価値の算出方法はDCF法やマルチプル法がよく用いられますが、純資産法も評価方法の一つとしてあります。実際には、DCF法やマルチプル法に比して低く算出され、およそ5分の1以下の評価額になることも多いといえます。

税制非適格ストック・オプションといいます。

ストック・オプションをもらった時点での株価が@1000で行使価額も@1000であったとして、株価が@3000になったタイミングで権利行使して、さらに@4000になったところでその株式を売却した場合を考えてみましょう。

税制適格の場合は、@4000で売却したタイミングで、権利行使価額@1000との差額である3000が譲渡益課税（税率が一律20％）の対象となります。

一方、税制非適格の場合は、まず権利行使したタイミングで時価@3000と権利行使価額@1000との差額である2000について給与課税（税率が最大55％）がなされ、さらに@4000で売却したタイミングで権利行使時における時価@3000との差額である1000について譲渡益課税（税率が一律20％）となります。

税制非適格の場合は、権利行使時の時価と権利行使価額との差額が給与課税されてしまい、（一般的には）**20％を超える税率となってしまうので不利**であるということです。また、権利行使の時点ではまだ**株式がキャッシュ化されていないにもかかわらず税金が発生**するという課税のされ方でもあるため、このような従業員の側のデメリットを考えると、会社としてもできるだけ税制適格になるように組成する場合が多いといえます。

では、税制適格を満たすためにはどのような要件が必要でしょうか。これは、「無償」ストック・オプションであることやここで説明したように権利行使価額が付与時の株価以上であること以外に、権利行使の期間が付与の決議を行った後2～10年を経過する日までであること、年間の権利行使が1200万円未満であること、付与の対象者が会社の役員及び使用人であることなどが要件となっています。

よって通常は、これらの要件を満たすことで税制適格とするように組成しますが、例えば会社への貢献者でストック・オプションを付与したい人がどうしても役員・従業員にはなれないといった場合や、2年間の据え置き期間が待てないなどの事情で悩む会社も多いです。ただ、やみくもに(勤務)実態を変えてまで税制適格要件を満たそうとすることの方が問題ですし、単に従業員側において多くの税金が発生するだけの問題なのだと割り切ればいいだけの話で、特段、税制非適格で組成することに躊躇する必要はないと思います。

株式報酬型ストック・オプションや有償ストック・オプション

これまで見てきたストック・オプションは最もよく用いられている無償ストック・オプションになりますが、それ以外にも**株式報酬型ストック・オプション**や**有償ストック・オプション**といったものがあります。

■株式報酬型ストック・オプション

株式報酬型ストック・オプションは別名「1円ストック・オプション」とも言われ、権利行使価額1円のストック・オプションを無償で付与するというものです。

要するに、権利行使することで付与時の**株式価値のみならず、その後の株価の上昇分についても報酬となる**ものです。これは、退職金代わり[※1]に用いることで、多くの場合、もらう側にとっては退職所得の要件を満たすことで、高税率の給与課税ではなく退職金課税(約25%)となり税金を低く抑えることができます。

ただ、無償ストック・オプションにおける行使価額＝付与時の株価に比して、行使価額1円というのはその分ストック・オプションとしての価値が増すため、公正な評価額

※1　例えば、退職してから10日以内のみ権利行使可能として設計された株式報酬型ストック・オプションについては、権利行使時の課税関係を退職所得として問題ないとされています。

も大きくなります。その場合は、無償ストック・オプションの場合と同様に公正な評価額をその後に費用計上していくことになりますから、[※2]**会社の費用負担が増す**ということになります。

■有償ストック・オプション

有償ストック・オプションは、その名の通り対価を払ってストック・オプションを購入するということです。これは別名「権利確定条件付き有償新株予約権」とも呼ばれています。以前はストック・オプションを時価評価した金額を対価として支払っていれば、会社側でも費用計上は不要という扱いでしたが、２０１８年から会計制度が整備され、無償ストック・オプションと同様に株式報酬費用の計上が必要となりました。

この有償ストック・オプションにはいくつかメリットがあって、まずは**発行時点の払込金額を小さくできます**。例えば今の株価が＠１０００円だったとして、仮に期中に＠８００を下回った場合には権利が消滅してしまうといった条件を組み込んだとしましょう。これをノックアウト条項といったりしますが、この場合はストック・オプションの所有者にとって不利な条件が組み込まれてしまうことになるため、[※1]プレーンバニラのストック・オプションよりも価値が低くなります。

※2　株式報酬型ストック・オプションにおいては権利行使価額が1円のため、役員退任時に必ず行使されるという前提があり、ボラティリティの影響をほとんど受けません。よって時間的価値がほとんどないため、公正価値と本源的価値がほぼ等価ということになります。

※1　プレーンというのは飾り気のないという意味で、特別な条件が付されていないストック・オプションをプレーンバニラと呼んだりします。

価値が低くなるということは、ストック・オプションの対価としての払込金額を少なくすることができるということです。このほかにも、例えば営業利益が前年度を下回った場合は権利消滅してしまうなどの様々な権利確定条件を付加することで新株予約権の時価及び払込金額をできるだけ引き下げ、ストック・オプションを実に使い勝手のいいものに仕立て上げることが可能になるというわけです。

また、税務面でも税制非適格のような給与課税はなく、譲渡時における譲渡所得課税となるため、税率の面においてメリットがあります。さらに法務面のメリットとして、無償ストック・オプションを取締役向けに発行する場合には(報酬枠に係る)株主総会の決議が必要となりますが、この有償ストック・オプションの発行については株主総会決議が不要であるという点です。これらは、「労働の対価」というよりも、あくまで新株予約権への「投資」という側面が強いことによるものだからです。

先ほど、有償ストック・オプションにおいても費用計上が義務付けられるようになったといいましたが、もう少し詳細に説明します。例えば、ある有償ストック・オプションを発行した場合、プレーンなものだと仮に@50／個と評価されたものが、様々な権利確定条件を付加したことによって@15／個まで落とすことができたとします。

※2 よって、権利行使時においては課税関係は生じません。

従来は、オプション評価モデル[※3]によって評価された@15／個を払い込んでいる限り、当該払込金額を新株予約権として計上するのみで、特に費用計上は不要であるという扱いでした。それが公正な評価単価であるプレーンバニラにおける@50／個と権利確定条件含みの評価額である@15／個の差額を費用計上しなければいけないということになったわけです。

ちなみに、無償ストック・オプションにおける公正な評価単価の算定においても同様で、通常は権利確定条件の追加によって報酬を受け取る確率が下がるため価値も下がるはずなのですが、費用計上の基となる「公正な評価単価」の計算においては、そういった諸条件を考慮しないで評価するという特徴を有します。ただ、その代わりに、費用計上を行うに際してはストック・オプションの数量、すなわち権利不確定による失効数を見積り、その見積数を控除したストック・オプション数をベースに行うということとなっているので、そこで一定程度は費用計上を抑えることができていることとなります。

■有償ストック・オプションの導入の可否の検討

取締役会決議のみで導入できてしまうこの有償ストック・オプションについて、その仕組みを中心にみてきましたが、ここで権利確定条件を付けることで評価額を簡単に落

※3　有名なオプション評価モデルとして、ブラック・ショールズモデルや二項モデル、モンテカルロ・シミュレーションがあります。プレーンバニラであればブラック・ショールズの評価式が一番精緻でありますが、様々な行使条件を付すとなるとブラック・ショールズでは評価できず、その場合は他の二つを用いて評価することとなります。

とせてしまうということに、少し違和感や疑問が生まれないでしょうか。その権利確定条件が、ストック・オプションの本来的な趣旨である役員等へのインセンティブ付与とは全く無関係に、単に評価を落とすためだけに付された条件であったとしたら、それが果たして**企業価値を向上させるものであると言い切れるでしょうか。**

ことさら、金融工学を学んでその仕組みを理解すべきとまでは言いません。ただ、プレーンなものに比してどのような条件が付されていることによってどの程度の評価額が落ちているのか、そのあたりをわかったうえで、有償ストック・オプションの導入の可否を判断していただきたいものです。

さて、ここまではストック・オプションとしての新株予約権についてざっと解説してきました。ただ、近年はこれらの**ストック・オプションも新株予約権ではなく株式報酬制度の枠組みの中で語られる**ことが多くなっています。それは、株価の上昇をインセンティブにした報酬設計について、例えば株式交付信託や譲渡制限株式のように株式を付与する仕組みや株価に連動した現金支給をするという形態も見受けられるようになったためです。これらは、本章最後のコラムにおいて紹介したいと思います。

資金調達手段としての新株予約権

■希薄化の影響を抑えることができるが資金調達に不確実性も

今度は資金調達手段としての新株予約権についてみていきます。通常の第三者割当増資を利用した資金調達とは異なり、新株予約権（ワラント）を発行し、それが行使されることによって資金調達を行います。特徴としては、会社側からすると**希薄化の影響を抑制しつつ成長段階に合わせて必要となる資金を調達**でき、また投資家の側からは、**初期投資額が少なく将来の株価上昇によるキャピタルゲインを狙える**という点です。

第三者割当増資に比して即時にまとまった希薄化[※1]が起きることはないという意味で**なだらかな希薄化**などと言われたりもしますし、段階的な行使がなされるので**株価への影響が軽微**というのも新株予約権のメリットと言われています。

例えば、行使価額＠１０００の新株予約権を＠70で購入し、その会社の株価が＠１２００になった段階で権利行使して即市場内外で売却した場合、＠１２００－（＠１０００＋＠70）＝＠１３０が投資家の儲けになります。要するに、行使価額にオプション料を加えた金額以上に株価が上がれば、投資家にとって利益になるという仕組みです。

※1　ライツ・オファリングといって、既存株主すべてに新株予約権を割り当てる資金調達手法がありますが、これは既存株主にとって希薄化の影響がほぼないものといえます。

逆に株価が@1000以下であれば権利行使はしないということになるので、当初払ったオプション料である@70だけが投資家にとっての損失（捨て金）となります。

資金が欲しい発行会社にとっては、購入者が権利行使することでキャッシュが入ってきますから、そのほうが望ましいということになります。しかし上記例の場合のように、**株価次第で権利行使されない可能性も残る**ので、その場合は会社としては心許ないわけです。会社にとって確実にキャッシュが入ってくる第三者割当増資での調達という選択肢もありますが、会社の信用力がなければ実現できない可能性が高く、投資家にとっても、多額の資金拠出の見返りとして多くの株式を保持するとなると株価下落のリスクを負ってしまうことになります。※2

※2　エクイティ・コミットメントラインといって、発行会社が割当先（主に証券会社）に対して新株予約権を行使する旨の指示を行うことで資金調達を行うという手法もあります。

■MSワラントを利用する場合の注意点

そこで、会社側と投資家側それぞれのデメリットを緩和するものとして、**MSワラント**（Moving Strike Warrant、行使価額修正条項付新株予約権）と呼ばれるものが登場しました。これは、市場において日々変動する株価に応じて行使価額も調整されるというものです。その多くは、行使価額が前日終値の90～92％くらいになります。※1

投資家側は、株価が下落したところで行使価額もそれに比例して下方修正されるの

※1　ただ、通常は下限値が設定されます。

で、迷わず権利行使に踏み切ることができますし、会社側としても権利行使してくれれば確実に資金が入ってくるので望ましいというわけで、まさにＷｉｎ-Ｗｉｎな手法のように思えます。

このＭＳワラントについては、どちらかというと財務健全性が乏しい上場会社や、流動性等の観点から公募増資が困難である上場会社などが用いているようですが、この手法自体が**企業価値の向上に寄与するものかといえば、若干疑問符が付く**ものです。というのも、引受先である投資家（主に証券会社）は、いくら最初にオプション料を支払っているとはいっても、ほぼノーリスクで株価の約10％弱のサヤ抜きができるわけですから、裏を返せば、**発行企業にとっては条件が不利な資金調達スキーム**であるともいえるためです。

このスキームは、会社側にとって株価の下落局面では予定していた調達額を下回る金額しか調達できないことになり、投資家側は転換後にすぐに売却をすることとなるので、株数の増加で生じる希薄化によって株価がより一層下落することとなります。[※2]そういった意味では、ＭＳワラントは**その調達資金が会社にとっての成長資金として使われ、かつ新株相当分以上に企業価値を向上させない限りは、既存株主を害する可能性が非常に高い**ものであるともいえそうです。

※2　このような下方スパイラルの問題は、ＭＳＣＢ（転換価額修正条項付転換社債）と同様です。

また、多くのＭＳワラントにおいてそうであるのですが、発行会社側にもメリットのある様々な条項をつけています。それによって発行会社側も投資家に対して一定の影響を与えることが可能とされています。具体的には、投資家が新株予約権の全部または一部について行使義務を負うとする**コミット行使条項**や、発行会社が発行価額で新株予約権の全部または一部を取得することができる**コール条項**、発行会社側の判断で希薄化をコントロールするために権利行使の停止を要請できる**停止要請条項**などがあります。

ただ、どれも資金を調達したい会社側にとって特段有利なものとはいえず、どちらかというとオプション料を引き下げるためにつけた条項であるとも思えなくもありません。先述した有償ストック・オプションにおいて、ノックアウト条項をつけることで意図的に評価額を下げるというのと同じです。そのように考えると、このスキームを正当化するのは、その後に会社が成長して株価が上昇するということなのですが、これまでの実例を見る限り株主はこれに嫌気してか逆に株価は下がっているようです。

■**ＭＳワラントの導入決議では**

ちなみに、ＭＳワラント等の新株予約権の発行は取締役会の決議事項です。ただ、有利発行に該当する場合は株主総会の決議事項となってしまうので、発行会社の役員としては**有利発行への該当性について慎重に検討する**[※]必要があります。取締役会にて決議しようとする価額と第三者算定機関より入手したレポートに記載されている当該新株予約権の公正な評価額とを比較して、今回発行する価額が妥当であることを確認する必要があります。

ただ、実際のところは、このスキーム自体がMSワラントの投資家側から持ち込まれた提案であって、その内容に対して、経営企画室や財務部が入念に検討し、すでに当該投資家と交渉した結果としての発行価額である可能性が高いですが、そもそもその前段階で検討すべきことの方がはるかに重要です。

つまり、それ以外の**代替手段(例えば、公募増資や行使価格固定型の新株予約権など)は採用し得なかったのか**、また、このMSワラントが**自社の資金調達手段としての論理的な帰結になるのか**について慎重に検討したうえで賛否を表明していただきたいと思います。

また、MSワラントの導入が窮境状態にある自社にとって最善の資金調達スキームであると判断されても、単に有利発行に該当しないからOKというのではあまりに稚拙であって、新株予約権の評価に織り込まれている**条件が単に評価を下げるためだけの不合理なものではない**ことの確認や、MSワラントが自社にとっての**適切なエクイティスト**

※ ここでは、新株予約権というオプション自体の有利発行への該当性を言っていますが、そもそも行使価額が前日終値の9割程度であることをもって有利発行になるのではとの疑問があります。ただ、それは特段問題ないとの見解がとられています。

ーリーに基づいたものとなっているか等の検討は不可欠です。

■転換社債型新株予約権付社債（CB）

最後に、転換社債型新株予約権付社債（CB）について触れたいと思います。これは、**あらかじめ決められた価額（転換価額）で株式に転換できるという債券**のことで、株式に転換するかそれとも利息（クーポン）や償還金を受け取るかを投資家側で選択できるというものです。株価が転換価額を上回っていたら株式に転換後に売却すればキャピタルゲインが得られますし、逆に下回っていたら株式に転換せずに満期まで保有することでクーポンと債券額の償還は保証されることとなります。

第三者割当新株予約権の場合は、投資家が権利行使をして初めて資金調達ができるのに対して、CBの場合はそのような**権利行使を待つことなく発行時において社債額面のキャッシュ・インがある**ため、**資金の確保を急ぐ会社にとって選択しやすい**ものとなっております。また、普通の社債に比べて、投資家側は株式に転換できるというオプション（いわゆる新株予約権オプション）を有しているという点で有利なので、逆に普通社債よりも**利率は低く**なります。

このような特徴を有するCBではありますが、このCBにおいても先ほどの第三者割当新株予約権の発行と同じように**有利発行の該当性が争点**となり得ます。この点、第三者割当新株予約権にはないクーポンがＣＢにはあるため、場合によっては株価が転換価格を上回っていたとしても転換をしない方が投資家にとって合理的であるというケースもあるので、**ＣＢにおける新株予約権部分の評価は様々な条件やパターンを織り込んでいく**こととなるため複雑なものとなります。

ちなみにＲＯＥを上げるためだけにリキャップＣＢを使うという財務戦略も一時期流行りました。これは、ＣＢの発行によって得た資金を用いて自社株買いをするというもので、要するに自己資本の金額が負債に振り替わるというものです。しかし、これも**ＣＢが転換されれば結局は再び自己資本が増加**することになりますし、また自社株取得以前よりも株式価値の希薄化を招く場合には、むしろ既存の株主価値を毀損するものともなり得るといえます。

Column

株式報酬制度について

■広がる株式報酬制度の利用

近年、役員に対する中長期の業績向上へのインセンティブ付与や経営陣の引き留め効果（リテンション効果）、株主目線での価値共有といった観点から、**株式報酬制度**を導入する企業が多く、従来のストック・オプション以外にも様々な種類の報酬形態が出てきました。そのうち、本コラムでは**リストリクテッド・ストック**と**株式交付信託**についてご紹介したいと思います。

すでに株式報酬型ストック・オプションについてその仕組みをご紹介しましたが、これは**業績に関係なく勤務実績のみで支給額が決まる役員退職慰労金制度**への批判から、徐々に広がりを見せたものでした。しかし、その役員の在任期間中の株価が低い時に多くの株式が付与され（付与する報酬を金額で固定して設計している場合、先に交付金額が決まっているので株価が低いとたくさんもらえることになります）、[※]退任後に株価が上昇した段階で売却すれば、自らの貢献度とは異なるところで報酬額が決まってしまうという問題点がありました。

※　逆に在任期間中に株価が高くなればなるほど付与されるストック・オプションの数が少なくなることから、逆インセンティブとなるおそれもあります。

■株式報酬制度① リストリクテッド・ストック

そこで出てきたのが、リストリクテッド・ストックや株式交付信託という報酬形態です。まずリストリクテッド・ストックについてですが、これは※1**一定期間の譲渡制限が付された株式(現物)を報酬として交付する**仕組みで、この多くは譲渡制限期間中に一定の勤務条件を付し、条件が充足されない場合には株式を没収するという設計になっています。また、税制面においては一定の要件のもとに※2事前確定届出給与に含まれることで**損金算入が認められる**ことから、近年は導入企業も増えています。

会社法上、会社が新株発行するに際して、会社に対する労務の提供そのものを出資の目的とすることはできないため、※3**いったん会社が役員に対して役員報酬として金銭報酬債権を付与し、役員からその報酬債権の現物出資を受け、引き換えに一定期間の譲渡制限が付された株式を交付する**という形をとることとなります。よって、その会計処理としては、一旦報酬債権を付与した時点で前払費用として計上され、その後の勤務期間等にわたって前払費用を取り崩す形で費用計上していくこととなります。

報酬債権の付与と株式発行が同時に行われたものと擬制されることとなり、その際の前払費用の相手勘定は、一旦付与した報酬債権をブーメランの如く現物出資させるので、同額の払込資本の増加(資本金及び資本準備金)が認識されることとなります。ま

※1 リストリクテッド・ストックは、厳密には事前交付型と事後交付型がありますが、本稿では事前交付型の解説をしています。

※2 事前確定届出給与とは、役員に比して所定の時期に確定額を支給する旨を定め、事前に税務署に届出をした給与のことをいいます。

※3 いわゆる現物出資構成による取引です。これに比して、2019年12月に会社法が改正され、上場会社を対象に、取締役等の報酬等として株式の発行等をするときには、金銭の払込等を要しないこととされました。後者の株式の無償交付取引は、現物出資方式に比して圧倒的に採用数は少ないものの、今後は増加してくるものと考えられます。

た、前払費用として計上される金額については、オプションではないので特別な評価モデルによるのではなく、交付される現物株式の市場株価による評価となります。

さらに、譲渡制限期間中においてその役員が退任してしまって権利不確定となった場合は、会社[※4]が自己株式として無償取得することになるので、自己株式数の増加という結果となり、会計上は費用化されずに残ってしまった前払費用は損失処理されることとなります。

■株式報酬制度②　株式交付信託

次に、株式交付信託についてですが、これは**委託会社が信託銀行等との間で信託契約を締結したうえで金銭を信託し、信託銀行等はこの資金を原資にその委託会社の株式を購入し、それを役員や従業員に交付する**というものです。その交付の仕方というのが、例[※1]えば業績への貢献度をポイント化し、そのポイントに応じて自社株が付与されるというものになります。

株式交付信託の会計処理についてですが、その委託会社において**役員等に対してポイントを割り当てた段階で費用計上(福利厚生費等)するとともに引当金処理をし、期末において信託から従業員へ株式を交付した総額について引当金の取り崩しを行う**というも

※4　ただ、この場合は資本充実原則の観点から問題があるので、将来的にこの会計処理方法は見直される可能性もあるところです。

※1　役員に交付される株式は流動株としての扱いであり、例えば創業家が大株主で流動性比率が低いような会社にとっては、流動性比率を押し上げるという効果があるため、株式交付信託のスキームはここ近年において引き合いが強まっているといえます。

のになります。そして、信託が保有している自己株式（＝信託銀行等がまだ役員等に交付していない株式）についてはその委託会社において会計上取り込むこととなります。

例えば、委託会社から信託に対して５００の資金拠出を行い、信託はこの５００のうち４５０を株式の購入に充て、残りの50を諸費用に使ったとします。そして、信託は４５０のうち３５０を役員等に交付しており、残りの１００は株式として保有していた場合を考えてみます。

委託会社は役員等に対して期中にポイントを付与した段階で４００の費用（引当金）計上していた場合、まず信託にある自己株式１００及び信[※2]託口（諸費用）50を取り込むこととなります。また、信託が交付した株式交付費用３５０と引当金残高を相殺するので50の引当金が残ることになります。このように信託の財産を委託会社の個別財務諸表上にて計上するのを「総額法」といい、図のような特殊な処理を行うこととなります。

［会社］

借　方		貸　方	
信託口	500	現　金	500
ポイント付与			
福利厚生費	400	引当金	400
取り込み			
A 社株式 信託口（諸費用） 株式交付費用	100 50 350	信託口	500
相殺			
引当金	350	株式交付費用	350

［信託］

借　方		貸　方	
現　金	500	信託元本	500
自己株式取得			
A 社株式	450	現　金	450
諸費用	50	現　金	50
自己株式交付			
株式交付費用	350	A 社株式	350

貸借対照表

A 社株式 信託口（諸費用）	100 50	引当金	50

■仮想的に株式を付与し、実際には現金支給する方法

その他にも、現金支給でありながら株価に連動して株式を交付した場合と同様の効果を持たせて支給する方法もあります。例えば、**ファントム・ストック**といって仮想的に株式を付与し、配当金や株価の上昇分を事後的に現金で支給するといった制度についても、**株式報酬に代わるものとして導入**する企業が出てきたところであります。

※2　信託の損益は、最終的には株式の交付を受ける者に帰属するため、委託会社の損益としては取り込まないこととなります。信託の損益が負の場合には資産として計上することとなります。

■株式報酬の税務上の取扱い

コラムも含めて株式報酬制度について概観してきたので、それらの発行会社における税務上の取り扱いについても解説したいと思います。ここでのポイントは株式報酬費用として計上した金額が税務上の損金になるか否かについてですが、**損金扱いとなるためには実質的に役務提供の対価と認められる必要**があります。

まず**有償ストック・オプション**については、**会計上は株式報酬費用として計上**されるものの、税務上はあくまで新株予約権への「投資」と考えますから、**役務提供の対価とはみなされず損金にはなりません**。このあたりは、役務提供の対価と捉える会計と投資と捉える税務における考え方の相違といえます。

一方、**株式報酬型ストック・オプション**については、**株式報酬費用として計上したものが損金**として認められます。ただ、それは付与されたときではなくて、その受け取った個人において給与等課税事由が生じた日、すなわちストック・オプションを権利行使した日であるとされています。ですので、会社が株式報酬費用として費用計上した年度ではなく、**権利行使した日においてそれまで費用計上されてきた金額が一時に税務上の損金となる**ということです。

「給与等課税事由が生じた日」と聞いてピンときた方もいらっしゃるかと思いますが、冒頭で説明した税制適格ストック・オプションについては、給与課税ではなく譲渡課税という課税関係であると説明しました。よって、**税制適格ストック・オプション**については個人の側で給与課税がされないため、**会社の側でも損金には算入できない**ということになります。

それに対して、**税制非適格ストック・オプション**は株式報酬型ストック・オプションと同様に、役務提供の対価であると認められる限り[※1]**会社側で費用計上した金額は、給与等課税事由が生じた日において損金扱い**となります。

リストリクテッド・ストック（特定譲渡制限付株式）についても、ストック・オプションとほぼ同様で、その費用計上したものが損金として認められるのは、付与されたとき

※1　税制非適格の場合の発行法人は、権利行使時に給与所得に対する源泉徴収義務を負うこととなります。この場合は、会社が従業員等から所得税を徴収し、それを税務署に納付することとなります。

ではなくて、その受け取った個人において給与等課税事由が生ずることが確定した日となります。そして、その確定した日というのは、リストリクテッド・ストック[※2]の譲渡制限が解除されることが確定した日を意味します。

よって、仮にすでに交付された譲渡制限付株式を、**権利不確定によって発行会社が没収（無償で取得）したこと等によって給与等課税事由が生じない場合**には、もちろん**これまで費用計上してきた金額についても損金の額に算入されない**ということとなります。

株式交付信託については、これも役務提供の対価であると考えられるので損金算入は認められます。ただ、先ほどの例でいうとそれは会社が福利厚生費として費用計上した400なのか、それとも信託から役員等に交付された株式交付費用350なのかというところですが、損金となるのは350になります。よって、ポイントを付与しただけでは損金にはならないという点に注意が必要です。

※2　交付を受けた個人においては、譲渡制限が解除された日において、その日における株価をベースに計算した価額が給与所得等として課税されます。

■自社にとって望ましい株式報酬制度とは

結局、どのタイプのものが会社にとっても役員・従業員にとっても企業価値の向上に寄与するものなのかを考えて選択することになります。ただ、基本的には、税務面はさておき、ストック・オプションでも現物株式もしくは現金でも、どれで受け取っても受け取る側からみれば株価に連動した、経済的には等価であるものを役務提供の対価として受け取るという一取引形態にすぎないわけです。

第4章　連結会計

連結会計は、粉飾の舞台装置になりうる。

File 04

新規の得意先が会長の知り合いということで、連結対象か検討

取締役会議事録メモ　△月○日

野村　今期決算月の定時取締役会になります。業績目標も達成し、当社としてもいい1年だったと思います。では、まず月次報告です。藤川取締役、お願いします。

藤川　はい、3月単月の売上高については……（以下、対予算比等の説明をする）

金本　第三四半期までの業績を見ると、今期の業績目標の達成は厳しいと思っていたのですが、よくこの残り3か月で盛り返しましたね。特に3月単月の売上は目を見張るものがある。

新庄　ストック・オプションの権利行使条件が営業利益30億の達成だから、今期はギリギリの達成だった。来期の目標は35億だから、より気を引き締めていかねば……。

金本　この3月単月の売上は対前月比で30％もの増加をしているのですが、その理由や主な相手先、商材など、詳しく教えていただけますか。

藤川　はい、この売上増加の主な理由は昨年の10月からスタートしました会長案件が動き出しまして……その新規事業が功を奏したと言えます。

金本　会長というのは、私がこの会社の社外取締役に就任する前の代表者で、今も筆頭株主で、裏で院政を敷いていると噂の星野会長ですか。藤川取締役のご説明にあった主な売上先である1001商会という会社なのですが、ここの役員構成や株主構成についてはどうなっていますか。

新庄　私も1001商会がどういった会社かに興味がありました。星野会長が開拓した先だということしか情報がなくて。

野村　この会社については、新庄取締役がおっしゃる通り会長が見つけてきた得意先であり、会長からは新規取引に伴う与信調査も特にしなくていいとのことだったので、実は詳しいことはわからず。

金本　必ずすぐに調べて、早めにわかったことはメールなりで全役員に情報共有してください。この1001商会が星野会長の息のかかっている会社であるとなると、場合によっては、連結対象としなければならない可能性も生じてきてしまいますので。

野村　それは時間的にも急ぐ必要があるな。藤川取締役、謄本だけでも今すぐに上げられないか？

藤川　はい、すぐに取らせますので少々お待ちを。

（取締役会事務局が謄本を持ってくる）

藤川　役員に星野会長の名前はありませんでしたが、確か昔、星野会長が雑誌のインタビューで親族よりも深い関係だと語っていた田淵という人物が代表取締役となっています。

金本　ちょっと、この件で星野会長に直接ヒアリングさせていただけませんでしょうか。

連結は不正会計の温床

■連結外の子会社を用いた不正の実態

子会社を有する会社であれば、基本的には連結財務諸表を作成・公表する必要がありますし、それとは別に親会社単体の個別財務諸表についても公表する必要があります。ただ、子会社を有しない会社、もしくは子会社を有していても連結の範囲に含めなくてもいいくらい重要性の乏しい子会社であった場合などは、連結すべき子会社はないため連結財務諸表は不要となり、個別財務諸表のみの開示ということになります。

一昔前は、親会社の個別財務諸表が主であって、連結財務諸表はあくまで補足情報としての開示にとどまっていたのですが、2001年3月期から、開示の上では連結財務諸表を主たるもの個別財務諸表を従たるものという位置づけになり現在に至っております。なぜそうなったのかというと、一言でいえば、**個別財務諸表の開示では経営実態を正確に把握できない**ためです。

稀に従順ではない子会社もありますが、基本的には子会社は親会社の意思に沿って企業経営を行うことになりますので、**親会社はそのような子会社を用いることによって簡**

単に利益操作を行うことができます。例えば、決算間際に子会社に対して売り上げを計上したり（押し込み販売）、含み損のある有価証券などを子会社に（簿価で）譲渡したりするなど、いわゆる「不正会計」といわれるものだけでなく、特に不正とまではいわないまでも、例えば取引条件を親会社に有利なようにすることで親会社単体の業績を良く見せることなど簡単にできてしまいます。

親会社の個別財務諸表だけを見栄えのいいものにすればいいということであれば、当該手法はポジティブに機能しますが、後述するように、連結財務諸表上では親子間の取引高は内部取引として取り扱われ、グループの業績にはカウントされないこととなるため、このような子会社を利用したお化粧はできなくなります。よって、経営実態を適切に把握するには、連結グループ全体で見た方が会計上の操作がしにくいということもあり有意義であるということです。

では、この連結財務諸表を主たるものとすることで不正会計がなくなったかというと、実はそうではなく、まだまだ**連結外の子会社を用いた不正**[※]が行われており、たびたびそれはニュースとなって衆目を集めることとなります。不正会計というのは往々にして企業価値を高められなかった経営者が手を染めるものですが、それは発覚すれば必要以上に企業価値を毀損させるものです。連結会計は、このような不正の温床でもあると

※　連結子会社であっても、重要性がないと判断された構成単位（子会社等）で生じた不正により、連結財務諸表全体が影響を受け、過年度財務諸表の訂正が行われるといった事例も散見されるところです。

いえるため、会社役員はグループの実態把握に常に目を光らせておくとともに、連結会計のルールを正確に理解することによって、そのような不正を未然に防ぐという意識や高い倫理観を持ち合わせることが肝要です。

■「連結外し」や「隠れ子会社」

連結外の子会社を用いた不正とは何かというと、具体的には「連結外し」や「隠れ子会社」と呼ばれるもので、連結範囲を恣意的に操作することによる粉飾の典型手法です。「連結外し」は読んで字の如く、**業績の良くない子会社を持分比率の操作等によって意図的に連結対象外にする**ことで、当社の連結財務諸表の業績の見栄えを良くするというものです。

子会社において不採算事業を行っているものの撤退できず、かといって親会社におけるグループ経営における責任追及は避けたいとなった場合、当然、当該子会社を連結対象から外したいと考えることでしょう。この子会社株式を全くの第三者である他者（他社）に売却すれば連結対象外となりますし、また同様に、この子会社に対して他者（他社）が第三者割当増資に応じることによって過半数の持株比率を有することとなれば、当該子会社は当社グループにおける連結対象からは外れることになります。

ただ、この他者（他社）というのが社長の旧知の知人（の会社）のように当社グループとの親密な関係者であったとしたらどうでしょう。その場合は、当該不採算事業を行っている子会社とは過半数を失った後でも実質的な支配従属関係が継続しているとは考えられないでしょうか。後述しますが、この**他者（他社）が「緊密な者」や「同意している者」に該当すれば、連結会計のルールにおいては連結対象に取り込まれる**ことになります。

次に「隠れ子会社」のシンプルな例を挙げますと、親会社の代表取締役Aが実質的に支配している別会社があったとして、その別会社の株主や代表者はAの親友であるB名義となっているため、別会社は連結グループ外となっているといったものになります。別会社の代表者Bは外観的には当社連結グループとは無関係でありますが、実は「緊密な者」や「同意している者」に該当しているといったケースです。

実は、この「緊密な者」や「同意している者」に該当するような間柄で、この例のような会社が連結対象外となっているというのは、私の皮膚感覚ですが（不正に利用しているかいないかは別にして）それなりに存在すると思っています。こういった「連結簿外」となった隠れ子会社に対しては、例えば押し込み販売や架空売り上げを計上したり、または、隠れ子会社から連結グループ内の会社に対して本来請求されるべきコストを連結グループ内の会社に負担させなかったりと、**隠れ子会社は粉飾をやるには非常に使い勝手のいい便利な箱**として暗躍することとなります。

■不正会計の具体的な実例

近年、建築資材の販売や不動産の仲介を手掛けるある上場会社において連結除外の手口を用いた不正会計があったのですが、その事例を紹介します。図を見ていただきたいのですが、SNグループの連結対象となっている会社であるN社が同じグループ内のNC社に融資したお金を、今度はNC社が連結外のZ社に融資をし、Z社はそのお金を用いてSNグループのN社やNE社から不動産を購入し、結果としてSNグループは4億円以上の売却益を計上することになりました。

これの何が問題かはさすがにおわかりかと思いますが、SNグループにおいて最も影響力を行使し得るH会長の実質支配するE社の100%子会社であるZ社が、連結対象

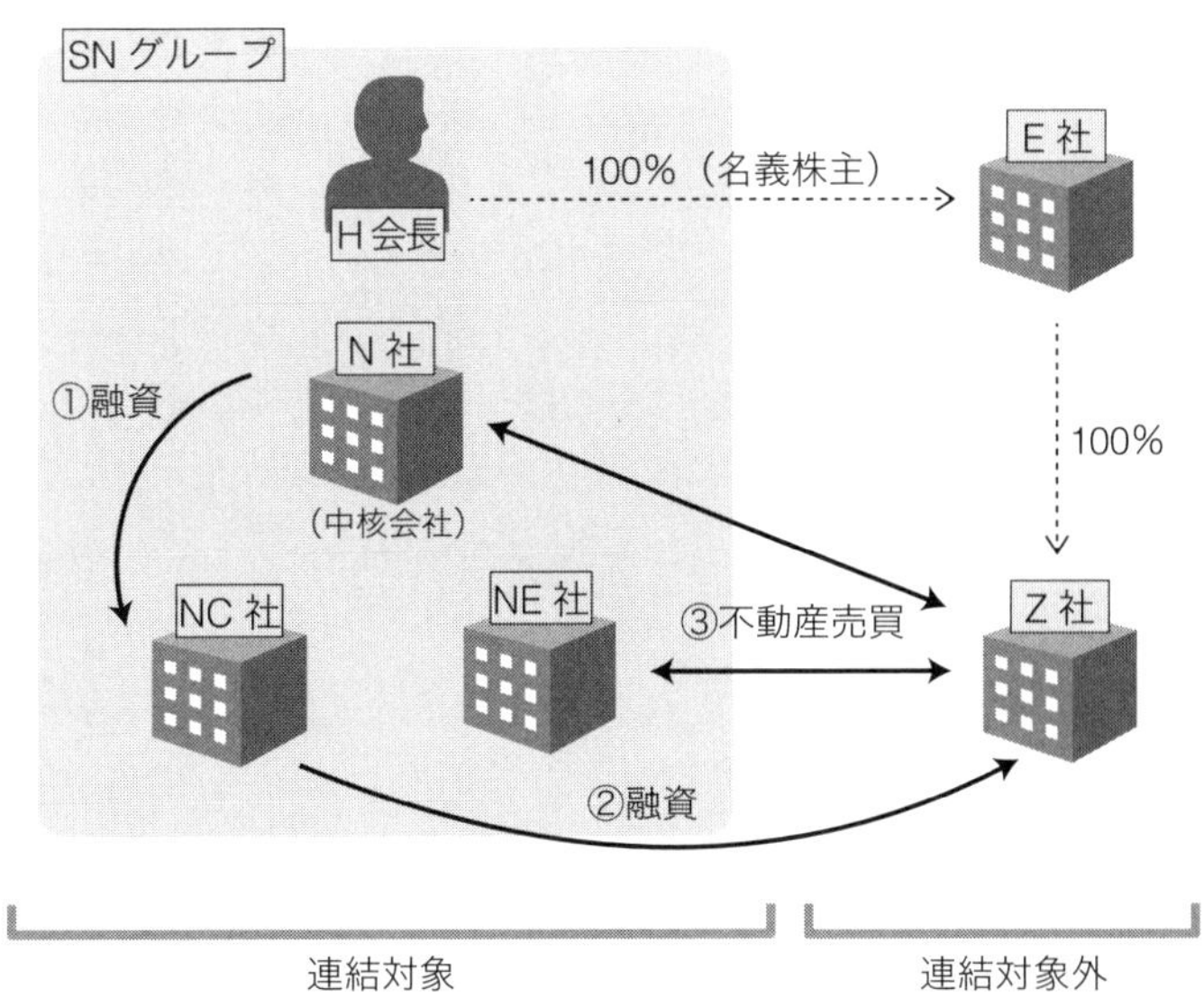

外すなわち「隠れ子会社」となっており、そのZ社に対して不動産を売却することによってSNグループで利益を計上するという極めて古典的な粉飾スキームになります。本来は、SNグループにおいてZ社も連結子会社とする必要があり、※その場合は不動産取引による4億円以上の利益は計上されることはなかったわけです。

※連結財務諸表において、内部取引は相殺消去されることになるためです。

仮にSNグループの役員がE社やZ社の存在を知らなかったとして、では一連の不正の予兆すら感じ取れなかったのであろうかというと、決してそんなことはありません。というのも、当該不動産取引のためにN社からNC社へは27・5億円、NC社からZ社へは35億円もの融資が行われており、連結財務諸表において計上される多額の貸付金というのを端緒に、これらの疑義のある取引を認識するというのはさほど困難なことではなかったはずです。

■よく聞く「飛ばし」も連結外しの一種

有名な粉飾手法である「飛ばし」というのは、隠れ子会社を用いた連結外しになります。飛ばしというのは、含み損の生じた資産等を別会社に簿価で売却し、表面上は損失の計上を回避する経済行為をいいます。要するに、自社で評価損なりを会計上において計上できない理由があって、その損失を自社以外のところに転嫁するということです。

例えば、3年前に10億で買収した子会社があって、その際に8億の「のれん」を計上していました。そして、その子会社の業績が芳しくなく、「のれん」をそろそろ減損せよと、監査法人から言われそうな雰囲気になってきたとしましょう。その減損回避のためにも、購入した10億に近い価格で隠れ子会社が受け皿となって、その子会社株式を買い取ってもらうことができたのでのれんの減損計上は回避できた、といった具合です。

ただこういった「飛ばし」というのは後始末が大変です。というのも、その損失の穴埋めはどこかのタイミングで行う必要があり、それは当社が将来的に裏金を作るなどして行う必要があるからです。ある有名な会計不正事件ですが、その会社は巨額な含み損を有する金融商品の飛ばしを行った数年後に、M＆Aで企業価値がそれほどないような会社を高額で買収したことを装って、そのお金で裏金を捻出して含み損の穴埋めに使ったなんていうのもありました。

■取引先とのつながりを発見できるのは取締役会の場

「連結の範囲」の考え方は会計基準において定められており、**「連結外し」や「隠れ子会社」などを利用した不正会計に関しては、監視・監督義務を有する役員（取締役・監査役）が、こと会計に関する部分において最も責任を有する**ところだと考えます。というのも、特別に会計における専門的な知識が必要とされるところではないですし、またそこで出てくる登場人物が社長の知人など、とても会計監査人が通常の監査手続きによって見破ることは困難なところでもあるので、そこは役員の方で適切な内部統制システムを構築するなりして、不正を未然に防ぐための手立てを講ずる責務があるということです。

連結対象外である子会社を利用した不正会計は、多くの場合不自然な取引が伴います。先のＳＮグループの例でいえば、多額の貸付金であったり、期末付近で急速に多額の利益が計上されているという事変を目にすれば、そこで違和感に気づき、さらに貸付金や売上の相手先を特定するところまでは行うことができるはずです。（定時）取締役会では報告事項として、必ず月次決算の試算表を全役員が数字で確認しているはずですから、会計・財務上の異変にはその時点で気づいていないといけません。

そのうえで、さらに粘り強く当該取引の相手先が当社連結グループと何らかしらのつながり（相手先の会社の役員に、当社とつながりのある人物が名を連ねているなど）があるか否かのところまで調査・追及していくくらいのことができれば、このような会計不正をグループ内部から未然に防ぐことができる蓋然性は高まるでしょう。要するに、社長の知人（の会社）を使った不正などは、社長に近い人が一番発見しやすいというわけです。

■関連当事者の調査は毎年行うが……

連結対象子会社の異動については必ず取締役会の議題に上がることになりますので、意図的な連結外しを抑止するためにも、そこでは実質的に連結対象外に該当するのかどうかの深度ある検討が必要です。自社の役員のみならず、親会社や子会社の役員、主要株主から**「関連当事者との取引調査票」を収集して、そこで該当なしだから連結の範囲の問題もクリアされたと片付けてしまうのは不十分**であるということです。

関連当事者についても少し触れておきたいと思います。**関連当事者**とは、会社を支配している者、会社から支配されている者、または会社に対して重要な影響力を有している者、会社から重要な影響力を受けている者をいいます。そして、**関連当事者の範囲**はというと、親会社[※1]や法人主要株主、子会社、関連会社、兄弟会社などの法人グループと、役員や個人主要株主、親会社の役員、重要な子会社の役員などの個人グループとに分かれます。

財務諸表の注記による開示のために、このような関連当事者[※2]との取引については、関連当事者のうちの個人グループに対して、会社が定期的に調査票の記入を依頼すること

※1　法人グループと個人グループは、主に関連当事者との取引に開示において差異があります。個人グループでは1000万円を超える取引はすべて開示対象となるのに対して、法人グループにおいては総資産の1％や売上高の10％などの判断基準により開示対象となるかが決まります。

※2　連結財務諸表提出会社である親会社は、自社と関連当事者との取引のみならず、連結子会社と関連当事者との取引についても開示する必要があります。

とされており、そのような取引が会社の側で網羅的に把握されることとなります。また、役員自身も記入する必要があるので、**関連当事者の対象範囲や対象となる取引については十分な理解が必要**となります。

「連結の範囲」と関連当事者の範囲とは必ずしも重なるものではありませんが、個人グループにおけるそれぞれの者の近親者（二親等以内の親族）やその者が議決権の過半数を自己の計算において所有している会社及び子会社についても関連当事者の範囲に入ります。

よって、「連結の範囲」には入らないもののその[※3]企業グループとの人的・資本的な関連を強く有すると考えられる連結の外側の存在及びその者との取引の存在については、この調査票にて把握できることとなります。しかし、後述する「緊密な者」については関連当事者の範囲には入っていないなど、**「関連当事者との取引調査票」の検討結果だけをもって連結の範囲を網羅的に検証できていることにはならず、こと「隠れ子会社」はこの調査だけでは見えてこない**ということです。

※3　会社と関連当事者との取引は、一般ではない条件で行われることがあり、また、関連当事者の存在自体が会社の財政状態や経営成績に影響を及ぼし得るものと考えられます。

連結会計のルール――連結の範囲

■連結の範囲はルールに従う

実際に連結会計のルール、特に「連結の範囲」についてもう少し詳細に見ていきたいと思います。連結財務諸表は、支配従属関係にある2つ以上の会社からなる企業集団を単一の組織体とみなして、親会社が当該企業集団の財政状態、経営成績及びキャッシュ・フローの状況を総合的に報告するためのものです。すなわち、親会社及び子会社の個別財務諸表を単純に合算したものから、これらの会社間の投資、債権債務、取引などから生じた資産、負債、資本、損益などを相殺消去することによって作成されることとなります。

親会社は、原則としてすべての子会社を連結の範囲に含めることとされておりますが、ここでいう「親会社」や「子会社」というのは具体的に何をいうのかという定義が重要です。「親会社」とは、他の企業の財務及び営業または事業の方針を決定する機関(意思決定機関)を支配している企業をいいます。「子会社」※は、ここでいう他の企業のことです。

※ 同様に、「子会社」がまた別の他の企業を支配していたら、その支配されている企業(親会社から見ると孫会社)も子会社とみなされ連結対象となります。

要するに、**他の企業の意思決定機関を支配しているかどうかで、連結の範囲に含める子会社かどうかを判定する**のですが（これを「（実質）支配力基準」といいます）、さらに〝支配しているかどうか〟を判定するためのルールがあります。俗にいう「0円連結」というのは、ある親会社が他の企業の議決権は一切所有していなくても連結対象に含める必要があるというものですが、この0円連結について支配の判定ルールに当てはめてみていくことで、「連結の範囲」における会計ルールの概要をご理解いただきたいと思います。

■「緊密な者」と「同意している者」

まず、「緊密な者」と「同意している者」というのが登場します。「緊密な者」とは、**親会社と出資、人事、資金、技術、取引等において緊密な関係があることにより親会社の意思と同一の内容の議決権を行使すると認められる者**をいいます。「同意している者」とは、**親会社の意思と同一の内容の議決権を行使することに同意している者**のことを指します。

この2者の議決権と親会社の有する議決権（議決権を所有していない場合も含む）とを合わせた場合に、他の企業の議決権の過半数を占める企業であって、さらに[※1]次ページ2

※1　この要件は、他の会社の議決権の所有割合が0％〜40％未満の場合の判定です。40％〜50％の場合の要件は、1〜5の要件のどれかに該当すれば当該他の会社は子会社と判定されることとなります。

※2　「緊密な者」に該当するかどうかは、両者の関係に至った経緯、両者の関係状況の内容、過去の議決権の行使の状況、自己の商号との類似性等を踏まえ、実質的に判断するとされています。

※3　「同意している者」への該当の有無は、契約や合意等によるものとされていますが、必ずしも書面によるものが必要とされているわけではなく、あくまで自己との関係状況の内容等から実質的に判断することとされています。

〜5のいずれかの要件に該当する企業は、支配していると判定されることとなります。

具体的には、親会社の役員や使用人が他の会社の取締役会の過半数を占めていたり、または他の企業における借入金の過半を親会社（や「緊密な者」）が貸し付けていたり、他の企業の重要な事業方針の決定を支配するような契約があることなどがその支配判定の要件になります。

以上より、仮に他の企業の株を持っていなくても、その企業を連結対象子会社としなければならない場合があるということがわかります。「0円連結」がまさに他の企業の株式を1株も有していない場合でも連結対象になるという極端なケースですが、要するに、**実質的な支配従属関係の有無によって連結対象となるか否かが判定される**ということです。

例えば業績の悪い子会社については、**「緊密な者」**[※2]や**「同意している者」**[※3]**に該当する知人の協力**のもと、**議決権比率を意図的に引き下げることによって連結対象から除外する**という、いわゆる**「連結外し」**という操作は、この**（実質）支配力基準というルールに抵触**することとなります。また、実

他の企業を支配していると判定される要件

1	自己の計算において所有している議決権と、「緊密な者」及び「同意している者」が所有している議決権とを合わせて、他の会社の議決権の過半数を占めている
2	役員若しくは使用人である者、又はこれらであった者で自己が他の会社の財務及び営業又は事業の方針の決定に関して影響を与えることができる者が、当該他の会社の取締役会その他これに準ずる機関の構成員の過半数を占めている
3	他の会社の重要な財務及び営業又は事業の方針の決定を支配する契約等が存在する
4	他の会社の資金調達額の総額の過半について融資（債務の保証及び担保の提供を含む。）を行っている （「緊密な者」が行う融資の額を合わせて資金調達額の総額の過半となる場合を含む。）
5	その他、他の企業の意思決定機関を支配していることが推測される事実が存在する

質的な支配力という観点から、「隠れ子会社」についても連結対象として取り込む必要が(重要性によっては)あるということになります。

■連結対象外としたその子会社は本当に「重要性が乏しい」か

補足になりますが、原則[※1]はすべての子会社及び関連会社は連結範囲に含めるのですが、**重要性の乏しい会社は連結の範囲から除外してもよい**こととされています。具体的には、連結グループにおいて中・長期の経営戦略上の重要な子会社であるか否かなどの質的な影響と、総資産[※2]、売上高、利益、利益剰余金の4項目に与える金額的な影響とを勘案して、重要性が乏しいと判断できる場合となります。

ただ、このような例外規定があるせいで、**連結対象としなかった子会社に、実は質的・戦略的に重要とみなされる子会社なんかが紛れて**しまっている可能性もあるわけです。ですので、このあたりも含めて、「連結の範囲」は全体として適正かどうかという点については、不正会計防止という観点からは極めて重要ですので、取締役会においてもしっかりモニタリングする体制が必要であるといえます。

※1　支配が一時的であったり、また連結することによって利害関係者の判断を著しく誤らせるおそれのある会社については、連結の範囲には含めないこととされています。
※2　持分法適用の関連会社についても同様に、質的な影響と、利益及び利益剰余金に与える金額的な影響を勘案して判断します。

連結会計のルール——資本連結

■会計上の「のれん」は資本連結のプロセスで発生する

最初に、連結財務諸表は、親会社及び子会社の個別財務諸表を単純に合算したものから、これらの会社間の投資、債権債務、取引などから生じた資産、負債、資本、損益などを相殺消去することによって作成されると説明しました。例えば、親子会社間で、または子会社間で売買があった場合、連結上では売上高と仕入高（売上原価）は相殺消去されますし、期末に売掛金や買掛金の残高があれば、それも相殺消去されます。

さらに、これら売買の結果、一方の会社に在庫が残っていた場合、通常は販売会社側の利益が乗ったものとなっています。それを未実現利益といい、これも連結上は消去されます。仮に親会社が原価70の商品を１００で子会社に販売し、子会社では期末現在において在庫１００のまま残っている場合、未実現利益30[※1]は在庫を減額する形で消去されます。

そういった形で、**あくまで企業集団における純粋な財政状態や経営成績が明らかにされる**ことになります。詳細な連結固有の会計処理方法については本書においては割愛し

※1　会計仕訳でいえば、次のようになります（税効果は考慮せず）。

［仕訳］

借　方		貸　方	
売上原価	30	商　品	30

ますが、ここでは連結会計において重要な論点である**資本連結**について説明したいと思います。よく目にする**会計上の「のれん」というのは、連結財務諸表においてはこの資本連結の手続きによって出てくる**ものになります。

資本連結とは、親会社の**子会社に対する投資(子会社株式)とこれに対応する子会社の資本を相殺消去し、消去差額が生じた場合にはその差額を「のれん」として計上**するとともに、**子会社の資本のうち親会社に帰属しない部分を非支配株主持分に振り替える**という一連の処理のことをいいます。

買収による子会社化における簡単な具体例を挙げます。純資産が30億の会社の発行済株式の80%を50億で買収しました。この会社は昔から都内に一等地を有していて、その含み益が10億あります(税効果は考慮しません)。さてのれんはいくらになるでしょう。また非支配株主持分※2についてもどうでしょうか。

答えを言いますと、純資産と含み益で合計40億ですが、子会社における純資産40億に対して非支配株主持分の比率である20%を乗じて計算した8億が非支配株主持分になります。そして、純資産が32億(40億×80%)のものを50億で買ったということですから、差額の18億がのれんということになります。

この例でわかるように**会計上の「のれん」というのはあくまで差額概念**になります。

※2 「非支配株主持分」は、以前は少数株主持分といいましたが、これは子会社の株主のうち親会社以外の株主のことをいいます。そして、その算定方法は、子会社における純資産に対して非支配株主持分の比率(この例でいうと20%になります)を乗じて計算されます。

「のれん」自体に値段が付いているわけではなく、**買った値段と純資産のうちの持ち分との差額**です。ただ、この純資産というのは簿価ではなく時価で計算された純資産であるという点も連結会計の特徴です。先の例では、土地の含み益10億円を簿価純資産に加算しています。

「のれん」は**無形固定資産**として計上され、原則として20年以内のその効果の及ぶ期間にわたって、定額法などによって**規則的に償却**することとされています。そして、時価純資産を超える価格ということで、そもそも「のれん」は資金的裏付けのない擬制的な資産であり、それが持つ意味合いは子会社の事業が有する超過収益力ということになりますから、仮に**当初見込んでいた収益力が減退してくると、「のれん」は減損リスクにさらされる**こととなります。

この「のれん」の減損リスクというのも、裏を返せばこのリスクがあるからこそ不正会計が起こりやすいともいえます。というのも、「のれん」は企業買収に付随して発生するものであり、これを減損するなんてことになると、当初見込んでいた超過収益力なんてものは端《はな》から存在せず、※3株主からは**過去における企業買収の失敗**という烙印を押されることと等しいためです。

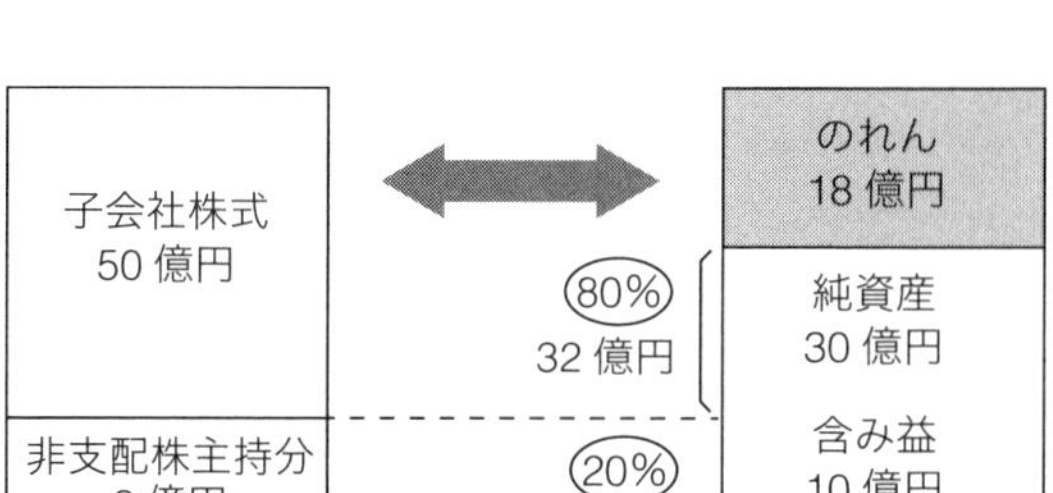

※3　買収を推進した役員にも経営責任という形で降りかかってくる可能性のあるものです。

■子会社株式の追加取得では「のれん」は計上されない

本節の最後に、**子会社株式の追加取得**という論点を解説させていただきます。**親会社が買収による子会社化をしたあとに、さらに追加で子会社株式を取得する**なんていうケースもありましょう。その場合、連結上の親会社持分は増加し、非支配株主持分は減少します。会計処理の上では、その減少する非支配株主持分と親会社による追加投資額を相殺消去するのですが、その差額は資本剰余金として処理するというルールになっていて、決して**「のれん」の計上にはならない**という点に注意が必要です。

先ほどの例で、仮に1年後に子会社株式の10％を6億で追加取得したとして考えてみます。子会社はこの一年の間に5億の利益を上げたとすれば、非支配株主持分は元々の8億に利益の20％である1億を加算して9億となります。その後の追加取得において、このうち半分の4・5億の非支配株主持分が減少することとなるのですが、追加取得額である6億との差額は「のれん」ではなく資本剰余金※（の減少）として処理します。

この支配獲得後の持分の変動（支配が継続する場合）について、子会社株式の一部売却における会計処理については、**以前は当該差額を損益として処理**していました。しかし、国際会計基準（ＩＦＲＳ）とのコンバージェンスの一環として、この一部売却の処理も追加取得と同様に**資本取引（差額を資本剰余金）とするルールに改定**されています。

※　会計仕訳でいえば、次のようになります。

［仕訳］

借　方		貸　方	
非支配株主持分	4.5	子会社株式	6.0
資本剰余金	1.5		

関連会社に適用する持分法

■関連会社には持分法を適用する

「持分法」にも触れておきます。基本的に**50%以上株式を保有されているのが子会社**であれば、**20%以上株式を保有されているのを「関連会社」**と呼び、連結財務諸表[※1]においては、この関連会社に対する投資について、原則として**持分法を適用**しなければならないとされています。

連結財務諸表においてはそれぞれの会社の個別財務諸表を一旦は合算するといいましたが、持分法は親会社(投資会社)が関係会社(被投資会社)の資本及び損益のうち親会社に帰属する部分の変動に応じて、その投資の額を決算日ごとに修正する方法をいいます。よって、持分法は一行連結と呼ばれるように、個別財務諸表ごと合算することはしません。

例えば、関連会社への持ち分が30%あって、その関連会社が100の利益を上げたとしたら、投資勘定[※2]を30増加させるとともに持分法による投資利益を30計上するといったシンプルな処理になります。

※1　連結財務諸表を作成していない会社では、個別財務諸表において持分法を適用して算定された財務情報に係る注記を行う必要があります。

※2　会計仕訳でいえば、次のようになります。

[仕訳]

借　方	貸　方
関係会社株式　30	持分法による投資損失 30

持分法における「関連会社」の定義については、先述の子会社と意味合いは似通っていて、企業が出資、人事、資金、技術、取引等の関係を通じて、財務及び営業または事業の方針の決定に対して**重要な影響を与えることができる**場合における子会社以外の他の企業をいうとされています(これを「影響力基準」といいます)。

そして、その議決権比率について、子会社ですと基本的に50%以上であるのに対して、関連会社は20%以上ということになります。さらに、「緊密な者」や「同意している者」の議決権と合わせて実質的に判定することや、連結財務諸表に重要な影響を与えない場合には、持分法の適用会社としないことができるという例外規定があるところも連結子会社の場合と同様です。

ちなみに、**50:50の合弁会社(ジョイントベンチャー)については、その多くの場合関連会社に該当することとなる**ので注意が必要です。また、議決権の過半数があるにも関わらず支配力が乏しいといった場合で、具体的にはジョイントベンチャー[※3]において**重要事項の決定については共同支配企業の同意**が必要となっている場合などが該当するのですが、こういったケースでは持分法を適用するということもあります。

※3　この場合は関連会社ではなく非連結子会社に対する持分法の適用となります。

■関連会社を子会社と同様に考えてはいけない

持分法も、意外と財務諸表に与える影響は大きいといえます。実質的に支配している子会社とは異なるので、**普段それほど（親会社の）役員会などにおいて業績等のモニタリングをしているわけでもなく**、そんな関連会社でいきなり巨額の損失を出したり、はたまた巨額の粉飾が発覚したりなんかすると、その期に多額の「持分法による投資損失」の計上に見舞われたりもします。

持分法は一行連結ではありますが、**損益に与える影響としては連結子会社と同様です**。連結財務諸表においては、子会社や関連会社が計上した損益に対して親会社の持ち分比率を乗じた金額だけ影響を受けることとなります。そして、**持分法適用会社だからといってのれんの減損リスクはないということにはなりません**。

例えば、純資産が３００億の会社の発行済株式の30％を１５０億で取得したとした場合、90億（３００億×30％）と１５０億円の差額60億円はのれんに該当します。しかし、連結子会社のときのような資本連結を行いませんから、会計上この「のれん」が出てくることはなく、ただ、このれんに相当する投資勘定（関連会社株式）はその後の事業年度において償却されていくこととなります。※

ちなみに、連結においてはその範囲を恣意的に操作することによる不正会計が生じやすいと説明しましたが、それは持分法適用会社も同様です。ただ、その判定要素たる連

※　会計仕訳でいえば、以下のようになります（のれんの償却期間10年の場合）。

［仕訳］

借　方	貸　方
持分法による投資損失 6	関係会社株式　　6

結子会社における「支配力」よりも持分法適用会社における「影響力」の方がファジーな概念である以上、持分法適用会社の範囲の方がより粉飾に用いられる可能性を有するといえなくもありません。

というのも、**投資先に対する(支配力とまではいえない)影響力というのは、持ち分比率20%程度で測れるものではない**ですし、逆に10%であっても影響力の行使が可能である場合もありましょう。その意味では、**子会社以上に対象範囲の判定の意図した変更が可能**なのも、この持分法の特徴であります。

会計監査人でもある私の立場からすると、確かに実務上は連結子会社よりも関連会社の方が監査手続きは簡易なものになりますし、役員会におけるグループ会社のモニタリングでも持分法適用会社(関連会社)については相当程度おざなりになっている可能性も否定できません。というのも、連結子会社のように親会社から支配を受けているわけではないため、関連会社からの決算資料の提出も遅かったり、また、そのような関連会社に対して決算に必要な詳細資料の作成の依頼がしにくいというのもその理由の一つです。

その関連会社に他の支配株主が存在する場合であったり、または上場会社の株式を買い増していった結果として関連会社に該当したといった場合、さらにはその関連会社が

郵 便 は が き

料金受取人払郵便

落合局承認

4302

差出有効期間
2022年 8 月31日
(期限後は切手を
おはりください)

161－8780

東京都新宿区下落合2-5-13

㈱ 税務経理協会

社長室行

お名前	フリガナ	性別	男 · 女
		年齢	歳
ご住所	□□□-□□□□ TEL ( )		
E-mail			
ご職業	1. 会社経営者・役員 2. 会社員 3. 教員 4. 公務員 5. 自営業 6. 自由業 7. 学生 8. 主婦 9. 無職 10. 公認会計士 11. 税理士 12. 行政書士 13. 弁護士 14. 社労士 15. その他 ( )		
ご勤務先・学校名			
部署		役職	

ご記入の感想等は，匿名で書籍のＰＲ等に使用させていただくことがございます。
使用許可をいただけない場合は，右の□内にレをご記入ください。 □許可しない

ご購入ありがとうございました。ぜひ、ご意見・ご感想などをお聞かせください。
また、正誤表やリコール情報等をお送りさせて頂く場合もございますので、
E-mail アドレスとご購入書名をご記入ください。

この本のタイトル	

Q1　お買い上げ日　　　　　年　　　月　　　日

ご購入方法　1．書店·ネット書店で購入（書店名　　　　　　　　　）
　　　　　　2．当社から直接購入　　3．その他（　　　　　　　　）

Q2　本書のご購入になった動機はなんですか？（複数回答可）
1．タイトルにひかれたから　　2．内容にひかれたから
3．店頭で目立っていたから　　4．著者のファンだから
5．新聞・雑誌で紹介されていたから（誌名　　　　　　　　）
6．人から薦められたから　　7．その他（　　　　　　　　）

Q3　本書をお読み頂いてのご意見・ご感想をお聞かせください。

Q4　ご興味のある分野をお聞かせください。
1．税務　　2．会計・経理　　3．経営・マーケティング
4．経済・金融　　5．株式・資産運用　　6．法律・法務
7．情報·コンピュータ　　8．その他（　　　　　　　　）

Q5　カバーやデザイン、値段についてお聞かせください

①タイトル	1良い	2目立つ	3普通	4悪い
②カバーデザイン	1良い	2目立つ	3普通	4悪い
③本文レイアウト	1良い	2目立つ	3普通	4悪い
④値段	1安い	2普通	3高い	

Q6　今後、どのようなテーマ・内容の本をお読みになりたいですか？

ご回答いただいた情報は、弊社発売の刊行物やサービスのご案内と今後の出版企画立案の参考のみに使用し、他のいかなる目的にも利用いたしません。なお、皆様より頂いた個人情報は、弊社のプライバシーポリシーに則り細心の注意を払い管理し、第三者への提供、開示等は一切いたしません。

外国法人であった場合、決算や監査に必要な資料や情報の入手というのは、現実的には必要最小限に留まらざるを得ないといったところではないでしょうか。その意味で、あくまで支配力を及ぼしている子会社とは勝手が違うということです。

Column

海外子会社による不正の防止

■目の届きにくい海外子会社では不正が起きやすい

本章においては、連結の範囲を操作することによる不正会計という点を中心にみていきましたが、不正においては実は子会社、特に海外子会社において多くが実行され、その粉飾された財務諸表が「連結」に取り込まれることにより、結果として日本の親会社が報告主体となる連結財務諸表に粉飾が含まれてしまうこととなります。

過去においては、むしろ日本の親会社が海外子会社を利用する形で不正が繰り返されてきました。わかりやすい例でいいますと、海外子会社を損失「飛ばし」の受け皿として利用してきたということです。しかし、**ここ近年では、逆に海外子会社を舞台とした(親会社の知らないところで行われる)不正の事例が多発**しており、その意味では、海外子会社を有するということ自体が不正会計のリスクを抱えてしまっているということと同義となってしまっています。

特にＭ＆Ａで買収した海外子会社となれば、日本の親会社とは組織風土や文化、商慣習も異なれば、物理的な距離の問題、言語の問題、現地スタッフとのコミュニケーション不足の問題などにより、日本の親会社と同等のガバナンス体制や内部統制システムといったものの構築をすることはかなり高いハードルがあると思われます。その結果、**日本の親会社からは目が届きにくい**が故に、**海外子会社による長年の不正に気付いた時には、過去からの巨額の決算訂正を迫られる**という事態に陥ります。

このように、海外子会社には「不正」が発生しやすいといった土壌をすでに有しており、また先の理由もあって早期発見が困難なものとなっております。ちなみに、ここでいう「不正」には**「不正な財務報告」**と**「資産の流用」**の二つの総称の意味合いがあります。前者は言うまでもなく**粉飾**のことですが、後者は財貨の横領などのことで、自己の利益欲求を満たすために**不正な手口で現金や資産を着服**することをいいます。[※]

そして、内部統制の脆弱化に起因する海外子会社が起こす「不正」というと、**件数ベースですと9割以上が「資産の流用」**ではありますが、**金額ベースでみた場合「不正な財務報告」の方が「資産の流用」の数倍**はあります。こういった状況を鑑みると、現地のスタッフによる横領がいいとは言いませんが、これを防止するための仕組みの構築にお金と時間をかけるのは、コストベネフィットの観点から検討することとし、結果として導入しないという選択があってもよいと思われます。

※　海外子会社による不正には、それ以外にも水増し発注等によるキックバックの受領や政府関係者に対する許認可への見返りとしての贈収賄などがあります。

「不正な財務報告」が行われるのは、例えば、親会社から過大な業績目標を設定されている場合などで、仮に業績が悪化したという事実でもって親会社からの過度な干渉をされるのを避けるためであったり、または業績連動報酬などの一定の業績達成に伴うインセンティブ制度が備わっていたりとその誘因は様々あります。そして一ついえるのは、**業績が好調な子会社は聖域化してしまう傾向**があるということで、その場合は逆に不正のリスクも高まることとなります。

いずれにせよ、どういった海外子会社に対してであれ、親会社としては少なくとも不正会計を防止・発見するためのモニタリング体制を構築せよ、などという提言自体はいくらでもできるものです。規程・マニュアルを整備せよから始まり、ディフェンスラインを強化すべきだ、日々の業務のレポーティング・ラインを確立せよ(または、複数のレポーティング・ラインとせよ)、内部通報制度などのモニタリングシステムの強化を急げ、駐在員や出向者ではダメで内部監査人やCFOを送り込め、といった具体案などいくらでも出てきますが、要は**どこまでやるかの問題**です。

連結決算は日本の親会社の責任であって、仮に海外子会社において行われた不正会計の規模が連結財務諸表全体にとっても重要である場合には、当然**親会社としての説明責任**は不可欠です。また、仮に海外子会社での不正会計が日本の親会社が構築・運用責任を有する企業集団としての内部統制の不備に起因していた場合には、**役員における善管注意義務違反**にもなりかねません。

■架空売上、売上の前倒し計上、循環取引を防ぐ

「不正のトライアングル」[※]というフレームワークを引用するまでもなく、海外子会社における不正会計については、その多くが現地の経営者による、本業の業績を実際よりもよく見せるというタイプの粉飾です。そして、それは主に売上の過大計上（**架空売上**や**売上の前倒し計上、循環取引**など）であったり、または費用・損失の先送りによる過少計上（在庫の水増しや原価付け替えなど）になります。

ちなみに、不正会計の発見のために会計監査人が通常実施する監査手続きとして、売掛金の実在性確認のための残高確認状の発送を行い、その回答金額と帳簿上の金額との突合せをするといった証拠力の強い手続きがあります。ただ、会社が内部的に行うこととしては、そこまではしなくても、例えば**増減分析や回転率等の分析**を行うことで不正会計の端緒や兆候を掴むことができます。ポイントは、**損益だけではなく貸借対照表科目にも目を配る**ことです。というのも、複式簿記の特徴として、**不正会計を行えば必ずBS科目のどこかに歪みがでる**ようになっているためです。

※　不正のトライアングルとは、不正行為にはそれを実行しようとする者の「動機」や「機会」、「正当化」があって、その3つの要素が出揃った時に初めて実行されるという理論です。

売上高に係る会計不正を発見する分析手法としては、**売上債権回転期間の分析**が有効です。売上債権回転期間（月ベース）は、売上債権（売掛金＋受取手形）を月次売上高（売上高÷12）で割ることによって算出され、これは売上を計上してからキャッシュとして回収されるまでの期間をざっくり把握する分析手法でありますが、不正会計の端緒の発見のためにも用いられるツールです。

例えば、仮に過去の趨勢に比して回転期間が伸びていたとしたら、それはもしかして架空売上や売上の前倒し計上、循環取引などの不正が存在する可能性があるということになります。よって、回転期間が伸びている原因を現地スタッフなどに確認し、例えば期末間際に正当な売上高の計上があったり、不良債権が発生していたりといった合理的な理由が存在すれば問題ないのですが、そうではなければ不正を疑っていくこととなります。

もしこのような分析によって不正の兆候を掴むことができ、そのうえで海外子会社からの回答が合理的なものとはいえないとなった場合には、さらなる追加の手続きを行う必要があります。例えば、架空売上であれば、金銭的に重要な得意先についてその後の売掛金が滞留していないか、入金によって消し込まれているかの確認をすることが有効です。というのも、あくまで**架空の売掛金**であるので、回収原資は存在せず、よって**そ**

のような**売掛金の帳簿上の残高は滞留し続ける**こととなるためです。

売上の前倒し計上とは、例えば、建設業などと異なりシステム開発業の場合は成果物が無形であるがゆえに実在性を確認することは一般的に困難であり、それを逆手にとって得意先から検収を受けていないにもかかわらず、受けたこととして売上に計上してしまうといった類のものになります。こういった場合には、実際に作業報告書等のエビデンスを確認するなど、海外子会社といえども取引の実在性を確認するところまでの手続きが必要ですし、また、そのための手続きを行うことができる体制の確立が必要であるといえます。

循環取引についてはご存じの方も多いと思いますが、改めて説明すると、複数の企業が互いに通謀し、商品の転売などの相互発注を繰り返すことで架空の売上高を計上する取引手法のことをいいます。例えば、A社(仕入先)→当社→B社(得意先)→A社(仕入先)→当社→…へと商品が循環していくことになるのですが、このスキームは出荷伝票等の外部証憑をきっちり整えておくため、発覚するのは困難といわれています。

この循環取引による異常値の兆候をつかむためには、**運転資金回転期間の分析**がより有効となります。運転資金とは、売掛金＋在庫－買掛金で表されますが、「売上債権回転期間＋棚卸資産回転期間－仕入債務回転期間」という形でそれぞれの回転期間を組み合わせると運転資金回転期間という指標になります。棚卸資産回転期間（月ベース）は、棚卸資産を月次売上原価（売上原価÷12）で割ることによって算出され、仕入債務回転期間（月ベース）は、仕入債務（買掛金＋支払手形）を月次売上原価（売上原価÷12）で割ることによって算出されます。

この取引の特徴は、商品が循環していくごとにわずかな手数料を上乗せしていくため（そうでないと架空利益は作れないため）、そこで計上される売掛金や在庫、買掛金も取引参加者が付加した利益分だけかさんでいくことになります。しかし、それ以上に**売上高や売上原価といったフローベースの残高が膨らんでいく**という特徴を有します。

その場合、売上債権回転期間であれば、分母が大きくなることに加えて循環取引の多くは売掛金の早期回収が行われるため**回転期間はより短く**なりますし、仕入債務回転期間も同様に決済資金を供給するため、仕入債務残高が早期に減少する結果として回転期間は短くなります。棚卸資産だけは在庫は膨らんでいくこととなりますが、それ以上に売上原価が増加するので回転期間は短くなります。このように、運転資金回転期間を分解して分析することで、循環取引の特徴を反映したトレンドの分析が可能となるわけです。

■その他の不正会計の見つけ方

上記回転期間分析のほかにも、例えば予実差異の分析や月次の粗利率の趨勢分析、売掛金滞留日数の期間比較、取引先別の債権債務の増減比較、在庫の滞留分析など異常値（＝不正の兆候）を発見するための財務分析手法は様々あります。よって、これらの手法の組み合わせという形で分析することができれば、遠方かつ机上からでも海外子会社による不正会計の発覚には有効であるといえるでしょう。

ちなみに、海外子会社において売上高が１０００億円に届かないくらいの会社で、過去からの累計１００億円規模の粉飾が発覚したなんていう報道を見ると、常日頃からこういった会計的な分析を全くしていなかったのかと目を疑いたくなります。あくまで利益ベースで粉飾１００億円ですから、必ずＢＳ科目のどこかに（数年前から）異常をきたしているわけで、モニタリングする立場の人間がこれを放置していたとなると罪は重いといわざるを得ません。

第5章　組織再編

組織再編は、要素還元主義で考えてはいけない。

File 05

繰越欠損金のある子会社を合併すれば、税金が減って企業価値も向上？

取締役会議事録メモ　△月△日

野村　当社が6年前にM&Aによって買収した100%子会社であるグリーンウェル・マネジメント株式会社については、1年前に実質的に廃業したので今は全く動きがありませんが、多額の繰越欠損金を有しております。そこで、当社の今後における法人税の負担を軽減することを目的として合併をしたいと考えております。これについて何か異議がなければ採決に移りたいと思いますが、何かご意見がある方はいらっしゃいますでしょうか。

新庄　思えば、当社も20年前に大河社とearth社が対等合併によって新規設立された会社でしたね。最初のうちは派閥争いや権力闘争が酷く、役員会では揉めに揉めた記憶がありますが、今ではいい思い出です。そして、今回の合併はそのような揉め事もないということで、しかも税金が軽減できるということですから、やらない理由を探す方が難しいのでは。

金本　こんな多額の欠損金を引き継いでしまったら、当社は向こう5年間くらい税金を払わなくてもよくなってしまいますよ。このことについて、顧問税理士の掛布先生はどういう見解なのでしょうか。

藤川　この合併に関しては、繰越欠損金の引継ぎ要件を満たしているため、問題ないと申しております。

金本　そうですか。そういえば、掛布先生も相当ご高齢で、このあたりの組織再編税制についてはきちんとキャッチアップできているのでしょうか。もしよかったら、別の税理士事務所にセカンドオピニオンをもらうということも検討してください。ちなみに、グリーンウェル・マネジメント株式会社との合併は欠損金の引継ぎ目的以外に何かあるのでしょうか。

藤川　いえ、グリーンウェル・マネジメント株式会社に関しては、実質的に休眠会社ですので、それ以外に事業上の目的はありません。

新庄　税金コストが軽減できるということは、企業価値の向上に貢献するではありませんか。特段問題ないのであれば、私は賛成します。

野村　確かグリーンウェル・マネジメント株式会社については、事業の立て直しが失敗した結果の休眠ということですが、そもそも新庄取締役が推薦したM&Aでしたよね。

新庄　いやぁ、最近私も記憶力が弱くなってきまして……。

組織再編の概要

■多様な組織再編の手法

組織再編というのは、事業の統合や分割を通して会社の組織形態を編成し直すことで、具体的な手法としては「合併」「会社分割」「株式交換」「株式移転」「事業譲渡」※1などがあります。そして、その目的はグループ内におけるヒト・モノ・カネ・情報などの経営資源を有効活用するためであったり、経営の一元化による管理コストの削減、グループ会社における競争力の強化、さらには不採算となってしまった事業を整理統合するためなど、どれも**グループにおける企業価値を向上させるため**という共通の目的があります。

合併というのは、2つ(以上)の会社が1つの会社になることで、その多くが吸収合併といって1社だけ存続し、それ以外の会社が存続会社に組み込まれて消滅することになります。組み込まれて消滅する会社の財産については、特段の清算手続きを経ることなく包括的に存続会社に移転することになります。なお、合併により消滅する会社の株主には、消滅する会社の株式に代わって主に存続会社の株式が交付されることになりま※2

※1　それ以外にも、令和元年の会社法改正により「株式交付」という組織再編手法が新たに創設されています。

※2　今の会社法では対価の柔軟化が図られており、特に存続会社の株式に限らず、社債や新株予約権等の財産の交付についても認められています。

す。

会社分割というのは、会社で運営している既存事業の一部を切り出すというもので、分割した会社を新たに新設した会社とする場合を「新設分割」といい、別の既存会社に吸収させる場合を「吸収分割」といいます。会社分割を行うと、事業の分割を行った会社（分割会社）は、その対価として主に承継した会社（承継会社）の株式の交付を受けることとなります。[※1]

株式交換というのは、ある会社が他の会社（対象会社）を完全子会社化しようとするときに、[※2]対象会社の株主に対して自社（完全親会社）の株式を交付することで100％親子会社関係になることです。なお、合併や会社分割とは異なり、株式交換では[※3]一定の場合を除き債権者保護手続きが不要とされているため、手続きが比較的簡素であるという特徴を有します。

株式移転というのは、1つまたは2つ以上の会社が、その発行するすべての株式を新たに設立する会社（持株会社）に移転させることで、完全親会社が新設されるというものです。株式交換との違いは、完全親会社となる会社が既存の会社ではなく新設の会社であるという点です。

事業譲渡というのは、会社がその事業活動を行うために有している有機的一体として

※1　対価の柔軟化が図られている点は、合併の場合と同様です。

※2　対象会社の株主には、対価として自社の株式が所定の交換比率で計算された株数だけ割り当てられます。

※3　組織再編における当事会社が債権者の利益に影響を及ぼす可能性のある組織再編を行う場合には、事前に官報に公告、個別に催告し、債権者が異議を述べることができる一定の期間（1か月）を確保しなければならないとされています。

の組織的財産の一部または全部を譲渡することです。事業の分離という観点からは、事業譲渡は会社分割と類似しているものの、会社分割は、分割事業の権利義務が包括的に分離先企業に承継される組織法上の行為であるのに対し、事業譲渡は契約で定められた範囲の財産を移転するという取引法上の行為とされているという点で異なります。

■組織再編手法の具体的な活用事例

例えば、ある会社を買収して経営統合することを考えた際に、合併によるか、それとも株式交換かで検討することとなったとしましょう。合併の場合は、取得企業が被取得企業の資産・負債を会計上も受け入れることになりますが、それだけではなく組織体系や給与制度、基幹システムなどの統一を要するため、いきなり給与体系や昇進制度などの人事制度を統一しようと思っても、なかなか実務が追い付かないということになりかねません。

その場合は、**先に株式交換による統合を検討する**[※1]ということも一考に値します。というのも、株式交換は被買収企業が消滅せずに残るため、組織体系や給与制度、基幹システムもそのまま従前のものを一旦は継続できるということになり、徐々に時間をかけて制度体系を合わせていくということもできますし、むしろお互いの企業文化が水と油で

※1　株式移転によって、取得企業と被取得企業が兄弟会社となるような統合もあります。

建物明渡請求の事件処理80〔第2版〕
― 任意交渉から強制執行までの事例集 ―

建物明渡請求が必要になる多種多様な事例の形式で解説。著者の経験をベースに、強制執行までを具体的に扱う。大幅に充実した改訂版。

滝口 大志 著　2021/10発売　6757-1　A5判並製 312頁 2,970円

社労士が伝える　社長のための労務管理

企業を経営していくうえで生じる経営者の「労務管理」の悩みをそのままストーリーにして、リアルな現場の状況が感じられるように構成。

五十嵐 明彦・藤田 綾子・周藤 美和子・伊井 沙織 著

2021/12発売　6837-0　A5判並製 120頁 1,980円

外国人就労のための入管業務【入門編】〔第2版〕
― 行政書士実務の教科書 ―

外国人就労に係る入国在留関係手続の基本を、相談を受けてから許可を得るまでの業務フロー順に解説。最新法令・書式に対応した第２版。

飯田 哲也 著　2021/12発売　6840-0　A5判並製 180頁 2,200円

キャリアアップを目指す人のための
「経理・財務」実務マニュアル（上・下）〔新版改訂版〕

経理業務を「業務の流れ」「会計」「税務」「内部統制」の４つの視点から解説
経理・財務スキルスタンダードとFASS検定に準拠。

石田　正 監修／青山 隆治・馬場 一徳・奥秋 慎祐 著

上巻：6850-9　2022/1発売　A5判並製 404頁 3,520円
下巻：6851-6　2022/1発売　A5判並製 380頁 3,520円

エッセンスを翻訳した

英語版『Introduction to Japanese "Accounting and Finance" Practices』
6503-4　2017/12発売　A5判並製 146頁 2,200円

中国語版『会计师以及首席财务官的综合手册』
6658-1　2020/2発売　A5判並製 148頁 2,200円

一つの会社にすることは困難だと判断されれば、そのまま親子関係を維持していくということでも問題ありません。

直近の組織再編の活用事例でいえば、2021年11月に公表された東芝の会社分割(案)です。[※2]東芝のような多くの事業を抱える複合企業の場合、各事業の価値の合計よりも企業価値が割安になるというコングロマリット・ディスカウントへの懸念があり、それを会社分割によって解消しようというものです。

当然、事業ごとに必要な投資額や回収までの期間、収益性、資本効率といったものは異なることとなりますが、それらを**事業ごとに分社化して、株主や投資家にとって価値評価をしやすいものにする**というのがその狙いになります。

※2 ただ、2022年3月24日に開かれた臨時株主総会において株主の反対で否決されたため、分割案は白紙となりました。

組織再編の会計

■共同支配企業を形成するか、他社を取得するか

組織再編に係る会計においてはいくつかの概念を理解する必要がありますが、そのなかで最も重要なのは**共通支配下の取引**です。共通支配下の取引とは、結合当事企業（または事業）のすべてが、企業結合の前後で同一の株主により最終的に支配[※1]され、かつ、その支配が一時的ではない場合の企業結合をいうとされています。具体的には、親会社と子会社の合併や同一の親会社に支配されている子会社同士の合併のほか、子会社と孫会社の合併も含まれます。

そして、ある企業結合が「共同支配企業の形成」及び「共通支配下の取引」のいずれにも該当しない場合には、**「取得」に該当する**こととなります。**「共同支配企業の形成」というのは、複数の独立した企業が契約等に基づき共同支配企業（ジョイント・ベンチャー）を形成する企業結合**のことで、**「取得」とは、ある企業が他の企業または企業を構成する事業に対する支配を獲得すること**をいいます。

企業結合が「取得」と判断されれば、「パーチェス法」を適用します。パーチェス法

※1　共通支配下の取引における「支配」の主体には、企業のみならず個人（株主）も含むものとされています。

とは、買収先の企業における資産や負債を時価で受け入れて、対価として交付する自社の株式の時価との差額を「のれん」として計上するという手法です。この「のれん」については、前章[※2]において説明した「のれん」と同じ性質のものと理解してよろしいかと思います。

　買収先の企業における**「取得」の場合の会計処理というのは、資産や負債の時価による取引**になりますので、**簿価との差額を移転損益として認識**することとなります。一方、**「共通支配下の取引」の会計処理というのは、グループ内を移転する資産・負債**について、原則として**移転前の簿価による取引とすることで移転損益を発生させない**こととされています。

　では、なぜ「共通支配下の取引」においては、仮に含み損益があったとしてもあくまで簿価による取引とすることで移転損益を発生させないのかという点ですが、それは、あくまで**企業集団単位でみると、その集団内で資産なり事業が移転しているにすぎない**ためです。よって、そのような移転行為によって損益は発生させないとするのが「共通支配下の取引」の基本思想となります。

※2　パーチェス法で計上される「のれん」も、前章で説明した、いわゆる連結のれんも、共に差額概念であり、超過収益力を表しているといわれるものです。

会社分割と事業譲渡——効果は同じでも会計上の影響は異なる

■事業を親会社から子会社に移転するケース

ここで、**ある既存事業を親会社から子会社に対して移転させる**という組織再編スキームを考えてみたいと思います。親会社は多角化経営を行っているものの、その中の甲事業に関しては子会社がすでに営んでいる事業との関連が深いと考え、当該子会社に対して甲事業を移転したいと考えました。そして、その場合の組織再編の形態としては、会社分割（プランA）と事業譲渡（プランB）のどちらかで行うこととなったとします。

甲事業のなかには含み益のある土地も含まれていて、甲事業に係る資産は簿価が100であるにもかかわらず時価評価すると200になり、さらに甲事業全体をDCF法などによってバリュエーション（価値算定）すると300と計算されたとします。このシンプルな与件のもと、親子会社間での取引に該当する会社分割をプランA、事業譲渡をプランBとし、資本関係のない第三者間での取引に該当する会社分割をプランA'、事業譲渡をプランB'として、それぞれについて親会社及び子会社における

	親子会社間での取引	第三者間での取引
会社分割	プランA	プランA'
事業譲渡	プランB	プランB'

会計処理をみていきたいと思います。

■親子会社間での会社分割

まず、**会社分割**（プランA）の場合を考えてみますが、この取引について言えば**「共通支配下の取引」に該当**します。「共通支配下の取引」の定義は、結合当事企業（または事業）のすべてが、企業結合の前後で同一の株主により最終的に支配され、かつ、その支配が一時的ではない場合の企業結合をいうとされているところ、このケースにおいて**企業結合の前後で親子関係は変化がない**ためです。

会社分割においては、親会社は甲事業を子会社に移転する代わりに子会社の株式を取得します。例えば、もともと子会社株式を80％有していたところ、この会社分割によって子会社株式を10％追加取得したため、結果として90％を有することとなったとします。80％の持株比率から90％の持株比率に変わるだけで、その前後で親子関係であることには変わりないので、〝企業結合の前後〟で〝同一の株主〟という要件に該当します。

プランAの会計処理を参照（165ページ）していただければと思うのですが、このケースでは、あくまで簿価での移転ということになりますから、親会社としては資産100の譲渡に対して子会社株式100を取得するということとなり**移転損益は計上さ**

れません。子会社においても、資産[※]100を受け入れることと引き換えにその対価として新株発行による株式を交付するため資本金100となります。これは事業の価値が300と算出され、それに対する譲渡対価として300相当の価値の新株を交付しているにも関わらず、このように処理をします。

※ 増加すべき払込資本の具体的な内訳項目(資本金、資本準備金またはその他資本剰余金)は、会社法の規定に基づき、吸収分割契約の定めに従います。

■もし資本関係のない第三者間で会社分割を行ったなら?

これはあくまで共通支配下の取引に該当するために、〝簿価での譲渡〟かつ〝譲渡損益の発生なし〟となるわけですが、参考までに、仮に**共通支配下の取引に該当しなかった場合**の会計処理と対比していただけるとより理解度が深まります。

プランA'を見ていただければと思いますが、仮に、当初から資本関係のない会社同士で同様の会社分割を行った場合は、**Y社については「取得」**に該当し、**資産を時価で受け入れる**ことになりますし、**X社については「投資の清算」**ということになるため、簿価と時価との差額について**移転損益を認識**することになります。具体的には、X社は投資有価証券を300で受け入れ譲渡益200を計上することとなり、Y社については資産を時価である200で受け入れ、資本金は[※](新株を300分交付しているため)300にて計上され、差額である100はのれんが計上されるということになります。

※ 増加すべき払込資本の具体的な内訳項目(資本金、資本準備金またはその他資本剰余金)は、プランAと同様になります。

[親会社から子会社に移転するケース ―――― 共通支配下の取引に該当]

プラン A：
会社分割（吸収分割） ⇒対価は株式交付

[親会社]

借　方		貸　方	
子会社株式	100	資　産	100

[子会社]

借　方		貸　方	
資　産	100	資本金	100

プラン B：
事業譲渡　⇒対価は現金交付

[親会社]

借　方		貸　方	
現　金	300	資　産	100
		移転損益	200

[子会社]

借　方		貸　方	
資　産	100	現　金	300
のれん	200		

[資本関係のない X 社から Y 社に移転するケース―――共通支配下の取引に該当せず]

プラン A'：
会社分割（吸収分割） ⇒対価は株式交付

[X 社]

借　方		貸　方	
その他有価証券	300	資　産	100
		移転損益	200

[Y 社]

借　方		貸　方	
資　産	200	資本金	300
のれん	100		

プラン B'：
事業譲渡　⇒対価は現金交付

[X 社]

借　方		貸　方	
現　金	300	資　産	100
		移転損益	200

[Y 社]

借　方		貸　方	
資　産	200	現　金	300
のれん	100		

■**移転損益を認識するか否かは、「投資が継続しているかどうか」**

ここで、「投資の清算」という言葉がでてきたので、少し説明を加えます。会社分割や事業譲渡(これらをいわゆる事業分離といいます)における親会社やX社のような事業を移転する側の会社においては、移転損益を認識するか否かというのが主な論点となりますが、これについては**「投資の継続」という概念に該当するのか、それとも「投資の清算」なのかによって移転損益を認識するか否かが決まり**ます。

そして、それは原則として**「対価の種類」により判断**することとされていて、子会社株式や関連会社株式のみを対価として受け取る場合には、当該株式を通じて移転した事業に関する事業投資を継続して行っているとみなされるため、この場合は「投資の継続」に該当します。一方、「対価の種類」が現金等の財産(その他有価証券を含む)である場合には、「投資の清算」に該当することとなります。

これを本事例にあてはめると、親会社については、**対価が子会社株式であるため「投資の継続」に該当**することとなり、よって**移転損益は認識しない**こととなります(そもそも、共通支配下の取引に該当するため、移転損益を認識しないという結論とも整合的です)。しかし、**X社については対価がその他有価証券となる**ため、事業投資を引き続き行っているとはみなされず、よって**移転損益が認識される**こととなります。

■事業譲渡で移転損益が認識される理由

次に、**事業譲渡（プランB）すなわち現金を対価とした場合**です。先ほどの会社分割と異なるのは、親会社は甲事業を子会社に移す代わりに子会社から対価として現金を取得するため、もともと子会社株式を80％有していたとして、事業譲渡を行った後もその持ち株比率は80％のままです。そして、この取引は「共通支配下の取引」に該当しますが、会計処理は会社分割とは異なるものとなります。

プランBの会計処理を参照してください。親会社においては、資産100の譲渡に対して現金300を取得するということとなり、譲渡益は200計上されることとなります。対して、子会社は資産を簿価100で受け入れる対価として現金を300交付するので、その差額としてのれんが200計上されることとなります。

ここで、なぜ**共通支配下の取引に該当するのに移転損益が認識されることとなるのか**という疑問が浮かぶかと思いますが、これは**単に簿価と現金との差額が生じてしまう**[※]のでこのように処理せざるを得ないためであります。そして、子会社にて計上される「のれん」200というのも、本来の超過収益力100だけでなく、これに土地の簿価と時価との差額である100とが合算されたものとなってしまっており、譲受会社側もこのように処理せざるを得ないためです。

※ 少々難しいのですが、この場合の移転損益を認識するのは、「投資の清算」に該当するためということではありません。対価が現金であっても親子関係は継続し、よって投資に対する清算には該当しないためです。

一応、事業譲渡の場合における共通支配下の取引に該当しない場合（第三者間取引の場合）についても補足しておきますと（プランB'参照）、X社は現金を300で受け入れ、譲渡益200を計上することとなり、Y社については資産を時価である200で受け入れ、現金を300交付しているため、差額であるのれんは100計上されるということになります。プランA'と見比べていただければわかるように、これは共通支配下の取引に該当しない会社分割の場合と類似の処理になります。

■連結財務諸表を作成する際の注意点

これらはすべて**個別財務諸表における会計処理**になりますので、連結上の処理と混同しないようにしてください。ちなみに、プランAにおける親会社の有する子会社株式と子会社における資本は連結上では相殺消去されますし（資本連結）、プランBにおけるのれんと譲渡益についても連結グループ内で発生したものであるため、連結上では未実現利益の消去として相殺処理されま

子会社の貸借対照表（会社分割前）

諸資産	1,200	諸負債	200
		資本金	300
		利益剰余金	700
	1,200		1,200
		非支配株主持分（20%）	200

↓

子会社の貸借対照表（会社分割後）

諸資産	1,200	諸負債	200
移転事業	100	資本金	400
		利益剰余金	700
	1,300		1,300
		非支配株主持分（10%）	110

す。

連結上においては、プランAの場合、親会社による支配を喪失する結果とならない親会社持分の変動があるため、もう一つ処理が必要となります。親会社の持分変動による差額、すなわち会社分割により子会社株式を追加取得したことによる親会社の持分の増加額（10％相当の持分）と、移転した事業に係る親会社の持分の減少額との差額を、資本剰余金に計上することとなっているためです。※1

前ページの分割前後の貸借対照表をみていただきたいのですが、非支配株主持分の割合が20％から10％に下がったことにより、非支配株主持分は200から110に下落しています。この減少額90というのは、子会社にかかる親会社の持分の増加額（(300＋700)×10％＝100）と移転した事業に係る親会社の持分の減少額（移転事業 100×10％＝10）との差額90になります。よって、この90については非支配株主持分から資本剰余金に振り替える処理をします。※2

■同じ結果を導く組織再編手法でも会計上の影響は異なる

何だか最後は複雑な会計処理の説明になってしまいましたが、ここでいいたかったことは、**会社分割と事業譲渡においては（ほぼ）同じ経済的効果でも会計処理は異なるとい**

※1 親会社持分の変動は、「非支配株主との取引」と同義といえます。「非支配株主との取引」は、親会社が子会社を株式交換により完全子会社とする場合など、親会社が非支配株主から子会社株式を追加取得する取引等に適用されます。

※2 会計仕訳でいえば、以下のようになります。

［仕訳］

借　方	貸　方
非支配株主持分　90	その他資本剰余金　90

うことをご理解いただきたかったというところにあります。よって、例えばですが、親会社単体として※譲渡益を計上したいがために、会社分割ではなく事業譲渡の方を選択するという意思決定も当然考えられ得るところです。

また、持株会社（ホールディング会社）形態を作るのに株式移転を採用するのか、それとも会社分割（会社分割によって事業のほぼすべてを分割対象とした場合で、「抜け殻方式」とよびます）を採用するのかなど、**出来上がりの経済効果を得るのに、採用し得る手法や組み合わせというのが複数ある**というのも組織再編の特徴の一つです。

組織再編手法を選択・決議するのは取締役会であり、**実務においては会社法上の手続きや税制面が主に検討されることとなりますが、会計面の検討についても、採用すべき組織再編手法を決定するにあたって重要である**ことがご理解いただけたかと思います。

※ タックスプランニングのためなどが考えられます。

子会社の吸収合併――実務上よく行われる取引

■連結上の会計処理を個別財務諸表上でも継続することがある

組織再編における会計処理においては、**「共通支配下の取引」**の概念を理解することが重要であると説明いたしました。再度ここで繰り返しますと、親会社の立場からみて**企業集団内における内部取引**であるものについては、基本的には企業結合の前後で移転する資産や負債の帳簿価額が相違することのないように、**移転先の企業は移転元の適正な帳簿価額により計上する**というルールでした。

この「共通支配下の取引」の基本思想は、仮に子会社の資産及び負債の帳簿価額を連結上において修正している場合で、その子会社を親会社が吸収合併するといった場合、親会社が作成する個別財務諸表においては連結財務諸表上の金額である修正後の帳簿価額により計上されるという会計ルールに応用されます。これは、一旦連結上で帳簿価額を修正したら、その後に企業結合があっても子会社における純資産等の帳簿価額がこれまでの連結財務諸表上のものと相違することにならないようにするためです。

あくまで合併行為なので、連結財務諸表ではなく個別財務諸表上の処理になるのですが、通常ですと被合併法人である子会社から資産及び負債を（合併前日の）簿価により受け入れます。ただ、これまで連結財務諸表において子会社の個別財務諸表を取り込んできたといった場合、連結仕訳において子会社の資産及び負債の簿価を時価に修正することもあり、その場合は個別上の処理と連結上の処理との整合性の観点から、親会社の個別財務諸表においても修正後の簿価によって子会社の資産及び負債を受け入れるという処理を行います。※

親会社が子会社を吸収合併するというのは実務上も頻繁に行われている組織再編行為ですが、会計上は多くの場合に**抱合せ株式の消滅差損益**が発生することとなります。抱合せ株式というのは、合併法人が有する被合併法人の株式をそう呼びます。通常、合併する場合は被合併法人の株主に対して合併法人の株式を合併対価として割り当てるのですが、この抱合せ株式については割り当てることができません。

というのも、抱合せ株式に合併対価を割り当てるということは、それだけ自己株式を保有することになり、そのような（大量の）**自己株式を原始取得したところで企業価値的に何ら意味を有しない**ためです。

※　具体的には、①資本連結に伴う時価評価、②「のれん」の未償却残高、③未実現損益等を調整することになります。

■抱合せ株式消滅差損益の正体

わかりやすい数値例で説明します。例えば、資産１００億円・負債70億円の１００％子会社を吸収合併したとします。この会社は5年前に純資産20億円の会社を40億円で取得しており、連結上ではのれんがまだ15億円ほど残っているといった場合における親会社の個別財務諸表上の合併に伴う子会社財産の受け入れ時の仕訳は以下の通りになります。

抱合せ株式消滅差損益については、差額計算で算出されるため、このような仕訳形式で説明した方がわかりやすいといえます。合併というのは被合併会社（子会社）の資産と負債を会計上もマルっと受け入れたうえで、連結上で計上されていた「のれん」も個別財務諸表上で受け入れるということですから、（純資産30億円＋のれん15億円）と子会社株式40億円との差額である5億円について抱合せ株式消滅差損益として特別利益に計上れることとなります。

そして、この差額である抱合せ株式消滅差損益の5億円について、これの意味するところを考えてみましょう。5年前に純資産が20億円だった会社が合併時には30億円になっていたということは、この5年間で10億円の利益を稼いだということになります。

そして、5年前に計上したのれん20億円が合併時に15億円になっているということ

親会社個別財務諸表

子会社資産	100	子会社負債	70
のれん	15	子会社株式	40
		抱合せ株式消滅差損益	5（差額）

は、差額である5億円を(連結上で)償却してきたということを意味します。そうすると、連結上では、10億円の利益計上と5億円の費用計上で差し引き5億円が利益剰余金として計上されていることとなります。

この抱合せ株式消滅差益5億円というのは、連結上においてこの5年間の間に計上されてきた利益剰余金5億円がその正体というわけです。この利益として積み立てられてきた5億円が、当該合併行為によって、個別財務諸表における抱合せ株式消滅差益5億円という形で顕出してきたということになります。

ですので、合併後も親会社は引き続き連結財務諸表を作成するという前提のもと、連※結仕訳においては(再度、)個別財務諸表上において計上された抱合せ株式消滅差損益を取り消すこととなるわけです。もちろん、取り消す相手勘定は利益剰余金ということになります。

■合併する子会社に非支配株主が存在する場合

ちなみに、話が複雑になるので避けましたが、仮に非支配株主が存在する子会社と合併を行った場合、合併の対価として非支配株主に親会社の株式を交付した場合は「非支配株主との取引」[※1]に該当します。つまり、非支配株主に交付した親会社株式の時価と子

※ 会計仕訳(連結修正)でいえば、次のようになります。

[仕訳]

借　方	貸　方
抱合せ株式消滅差損益 5	利益剰余金　　　5

※1 169ページ参照

※2 増加すべき株主資本の額を算定し(株価×交付株式数)、当該額を払込資本の増加として処理します。増加すべき払込資本の具体的な内訳項目(資本金、資本準備金またはその他資本剰余金)は、会社法の規定に基づき、吸収合併契約の定めに従い

会社純資産のうち非支配株主持分相当額との差額は、その他資本剰余金として計上されることとなります。

例えば、資産１００億円・負債70億円の80％子会社を吸収合併したとします。この会社は５年前に純資産20億円の会社を16億円で取得しており、連結上での「のれん」はありません。親会社は子会社の非支配株主に新株10億円を発行した場合の、親会社の個別財務諸表上の合併に伴う子会社の受け入れ時の仕訳は以下の通りになります。

このように、合併直前の持株比率に基づき、親会社持分相当額と非支配株主持分相当額に按分したうえで会計処理することになるのですが、親会社持分における抱合せ株式消滅益８億円というのは、５年間で積み立てた利益剰余金10億円に対する親会社持分80％を乗じたものです。

そして、非支配株主持分における処理での資本金[※2]10億円については新株発行額によるものですが、資本剰余金（借方）４億円というのは、非支配株主に交付した親会社株式の時価10億円と子会社純資産のうち非支配株主持分相当額６億円との差額ということになり、それは非支配株主との取引に該当するためその他の資本剰余金として処理することとされています。

親会社個別財務諸表（親会社持分相当額）

子会社資産	80	子会社負債	56
		子会社株式	16
		抱合せ株式消滅差損益	8（差額）

親会社個別財務諸表（非支配株主持分相当額）

子会社資産	20	子会社負債	14
その他資本剰余金	4	資本金	10

ます。なお、通常の増資と異なり、増加すべき払込資本の内訳に関する制約はなく、すべてその他資本剰余金とすることもできます。

組織再編の税務

■会計と税務の考え方の相違

組織再編については、これまで会計処理について具体例を交えてみてきましたが、税務上の処理はこの会計上の処理とは異なることとなります。平たく言えば、会計の考え方は**適正な期間損益計算や財産状況の把握**を目的とするのに対し、税務の考え方はどちらかというと**課税の公平**というところに重きを置くためです。

合併という組織再編行為について、ある一定の要件を満たす場合は「適格合併」といって被合併法人の資産・負債を帳簿価額で合併法人に引き継ぐことになり、その要件を満たさなかった場合は「非適格合併」といって被合併法人の資産・負債を時価で譲渡するものとして取り扱います。ここでいう要件については後述しますが、その意図するところは合併の前後で経済的実態に変動がないことを確かめるものというところにありますので、変動がなければ「適格合併」となり簿価※での移転ということとなります。

その意味では、会計のところでみた「共通支配下の取引」の概念は、結合当事企業（または事業）のすべてが、企業結合の前後で同一の株主により最終的に支配され、か

※　時価での移転と異なり、簿価での移転は譲渡損益が発生せず、よって課税関係は生じないこととなります。

つ、その支配が一時的ではない場合の企業結合をいうとされていますので、税務の考え方もこれと類似するといえます。要するに、経済的実態が組織再編前後で変わらなければ、**会計上も税務上も簿価での移転とし、変わってしまえば時価での移転**とするという点では共通しているといえそうです。

■適格合併となるために設けられている要件

まず、組織再編税制を検討する際は大きく3区分で検討することになります。①**完全支配関係**（100％グループ内再編）、②**支配関係**（50％超グループ内再編）、③**共同事業**（持株割合が50％以下の法人間再編）の3区分でそれぞれ要件が異なるのですが、①よりも②、②よりも③というように要件が加重されていくこととなります。

合併を例に説明しますと、まず①については親会社と100％子会社との合併の場合などを指します。この場合の「適格合併」に該当するための要件としては、金銭等不交付要件といって、合併の対価としては合併法人株式以外の資産の交付がないことというものになります。ただ、この場合は合併対価の交付というのが物理的に不可能ですので、**必ず適格合併**となります。

次に②については、親会社が50％超100％未満の持株比率を有する子会社との合併が典型ですが、この場合は**金銭等不交付要件**だけでなく、**従業者引継要件**（被合併法人の従業者のうち、概ね8割以上が合併後に合併法人の業務に従事することが見込まれていること）と、**事業継続要件**（被合併法人の合併前に営む主要な事業が、合併法人において合併後に引き続き営まれることが見込まれていること）が要件として加わります。

最後に③の**共同事業要件**ですが、この場合は**従業者引継要件**と**事業継続要件**に加えて、**事業関連要件**（被合併法人の事業と合併法人の事業が相互に関連するものであること）と**事業規模要件または経営参画要件**（事業規模要件は、被合併法人の事業と合併法人の事業のそれぞれの売上金額、従業者数または資本金の額等の事業規模が概ね5倍を超えていないこと。経営参画要件は、合併前の被合併法人の特定役員※のいずれかと、合併法人の特定役員のいずれかが、合併後に合併法人の特定役員になることが見込まれていること）が要件として加わります。

また、③の共同事業要件で仮に**被合併法人に支配株主**（例えば、その会社の51%超の株式を有する株主）**が存在する場合**には、**株式継続保有要件**（当該支配株主が合併により交付を受ける合併法人の株式の全部が継続して保有されることが見込まれていること）という要件も加わってきますので注意が必要です。

※ 特定役員とは、社長、副社長、代表取締役、専務取締役または常務取締役など経営の中枢に参画している者をいいます。

繰り返しますが、これらの要件を満たした場合それを「税制適格」といい、また満たさなかった場合は「税制非適格」といいます。**「適格」ならば簿価での移転となり譲渡損益は発生せず、よって課税関係もなし**となりますが、**「非適格」であれば時価での移転となりますので基本的には譲渡損益は発生し、課税関係**も生じてきます。

例えば、被合併法人において**多額の含み益のある土地を有していた場合**などは、**適格要件を満たさないと(被合併法人側において)多額の課税が発生してしまう**こととなります。また詳述は避けますが、被合併法人の株主においてもみなし配当課税などが発生するため、こういったケースにおいては、適格要件の該当性について慎重に検討する必要があります。

■株主においてみなし配当課税が生じる場合

組織再編には「適格」と「非適格」があることがわかったところで、それぞれ合併法人と被合併法人における税務処理を確認します。まず、「適格」における合併法人については、被合併法人の資産・負債を合併直前の税務上の帳簿価額で引き継ぐのですが、同時に被合併法人の資本金等の額[※1]を引継ぎ、簿価純資産価額から資本金等の額を控除した金額を利益積立金額[※2]として計上することとなります。

※1　資本金等の額とは、法人税法上の概念で、大雑把にいえば会計上の資本金や資本剰余金に該当するものです。

※2　利益積立金額とは、これも法人税法上の概念であって、大雑把にいえば会計上の利益剰余金に該当し、会計上の利益の額のうち社内に留保されている金額になります。

「非適格」における合併法人については、被合併法人の資産・負債を時価で取得したものとして処理し、資産と負債の差額を合併において増加する資本金等の額として処理するため、「適格」のように利益積立金額の引継ぎは行われません。**この引き継がれなかった利益積立金額が株主に対して交付されたとみなされる**ということが、**被合併法人の株主においてみなし配当課税が生じる理由**となります。

次に、被合併法人の側の税務処理についてですが、「適格」の場合は、その資産・負債を税務上の帳簿価額により合併法人に引き継がれるので譲渡損益は発生せず、「非適格」の場合は、その資産・負債を時価により合併法人に譲渡したものとされるので、譲渡損益が発生することとなります。

■抱合せ株式の取り扱い

会計と税務における処理の相違でいいますと、**抱合せ株式の取り扱いにおいて顕著に異なる**こととなります。実務上においては、吸収合併をした場合において合併法人がもともと有していた被合併法人の株式(抱合せ株式)に合併法人の株式(自己株式)を割り当てることはできないこととなっているのですが、**税務上は合併法人が株式の割り当てを受けたものとみなして処理**することとなります。

まず、消滅する被合併法人の株式については、その譲渡損益の計算において譲渡対価はその抱合せ株式の帳簿価額とされているので、譲渡対価＝譲渡原価となり、譲渡損益は発生しないこととなります。そして、割り当てを受けたとみなされた合併法人の株式については、引継ぎを受ける資本金等の額から抱合せ株式の帳簿価額に相当する金額を減算することになります。

言葉の説明ではわかりにくいので、１７３ページの例題をもとに税務上の仕訳を考えてみると、資産１００億円・負債70億円の１００％子会社を吸収合併する場合なのですが、この会社は5年前に純資産20億円（資本金10億円）の会社を40億円で取得していたというものでした。その場合の、子会社の受け入れ時の会計上及び税務上の仕訳はそれぞれ以下の通りです。

[親会社の会計仕訳]

借　方		貸　方	
子会社資産	100	子会社負債	70
のれん	15	子会社株式	40
		抱合せ株式消滅差損益	5

[親会社の税務仕訳]

借　方		貸　方	
子会社資産	100	子会社負債	70
資本金等の額	30	子会社株式	40
		利益積立金額	20

この税務仕訳における（借方）資本金等の額30というのは、合併により受け入れる資本金等の額10から抱合せ株式の帳簿価額40を減算したもので、この場合はいわばマイナスの資本金等の額となります。会計上は資本金がマイナスになることはあり得ないのですが、あくまで資本金等の額というのは税務上の概念なので、合併法人において上記の税務仕訳の結果として資本金等の額がマイナスになることもあります。

■会社分割と事業譲渡の税務上の取扱い

合併以外の組織再編行為として会社分割と事業譲渡について具体的な数字例を使って会計処理を確認したので、同じく税務処理についても追っていきたいと思います。[※1]

ちなみに、法人税法上、会社分割は適格組織再編税制の適用はあるのですが、事業譲渡についてはそもそもその適用はありません。ですので、**事業譲渡の場合は時価で譲渡したもの**として取り扱われることになるので、譲渡損益が発生することとなります。

よって、グループ内において事業譲渡を行った場合、会計上は「共通支配下の取引」による簿価移転となるが税務上は時価での譲渡となった場合、その両者の間に一時差異が発生することになります。[※2] こういった現象は逆もまた然りで、ある合併が会計上は「取得」と判断され、パーチェス法によって時価移転となるものの、税務上は「適格」による簿価での移転となるケースもあり、その場合にも一時差異が発生します。

会社分割のプランAとプランA'についてみていきます。プランAはもともと子会社株式を80％有していたところ、この会社分割によって子会社株式を10％追加取得したため、結果として90％を有することとなりますが、これは3区分のうちの②支配関係（50％超グループ内再編）に該当し、プランA'はもともと資本関係のない会社同士というこ

※1　165ページ参照
※2　62ページ参照

とですから、③共同事業（持株割合が50％以下の法人間再編）に該当することとなります。

プランAの会社分割における②の適格要件としては、合併の場合における金銭等不交付要件や事業継続要件、従業者引継要件は同じですが、それに加えて主要資産等引継要件（分割事業に係る主要な資産及び負債が分割承継法人に移転していること）と支配関係が分割前後を通じて継続することという要件が加わることとなります。これは、合併のように事業を移転する側の会社が消滅することはなく、分割会社は残り続けるため、合併とは幾分異なる要件となっております。

プランA'の会社分割における③の適格要件としては、金銭等不交付要件や事業継続要件、従業者引継要件、主要資産等引継要件に加えて、事業関連要件と事業規模要件または経営参画要件、株式継続保有要件（分割法人が分割により交付を受ける分割承継法人の株式の全部を継続して保有することが見込まれていること）が要件として加わることとなります。

最後に、プランBの子会社側について、その会計上及び税務上の仕訳を見ていきたいのですが、ここでは税務上ののれんといわれる「資産調整勘定」が出てき

［子会社の会計仕訳］

借　方		貸　方	
資　産	100	現　金	300
のれん	200		

［子会社の税務仕訳］

借　方		貸　方	
資　産	200	現　金	300
資産調整勘定	100		

ます。

会計上の資産の受け入れ金額１００というのは、あくまで「共通支配下の取引」に該当するためであり、税務上は非適格となるので資産は時価での受け入れとなります。ですので、会計上と税務上とでののれんの金額が異なることもあるということに注意が必要です。[※3]

※3　会計上の仕訳については税効果を適用することとなるため、実際の仕訳は次のようになります。

[子会社の会計仕訳]

借　方		貸　方	
資産	100	現　金	300
繰延税金資産	30※		
のれん	170		

※繰延税金資産については、資産調整勘定の100に実効税率30%を乗じた金額となります。なお、会計上ののれんに対しては税効果を認識することはありません。

Column

組織再編税制を利用した租税回避行為

■欠損金の引継ぎを目的に合併しても大丈夫？

欠損金を有する100％子会社との合併となると、まず金銭不交付要件さえ満たせば適格合併となり（実際は交付相手がいないので、それすら不要です）、さらに5年超の特定資本関係を継続している限り、欠損金の引継ぎ制限である〝5年50％超の支配〟という要件も満たす以上、当該合併を行わない理由などないはずである、と多くの方が考えるのではないでしょうか。しかし、**この合併において欠損金の引継ぎが認められない可能性がある**としたら、それでもこの合併案に無条件で賛成しますか。

子会社の**繰越欠損金**[※1]**を使うため（だけ）に行われた組織再編行為**（合併など）とみなされた場合、それはここ近年の税務訴訟の事例を見る限りは**否認される可能性は高い**といえそうです。そして、その後に発生するであろう訴訟コストや延滞税、加算税など本来発生しなかったであろうコスト、さらには風評[※2]などの見えないコストも生じることとなります。よって、単に、税務調査でスルーされたり、税務訴訟になったとしても勝てばラッキー的な一か八かの博打的なものでは済まされないという認識が必要です。

※1　ある事業年度において欠損金が生じた場合、その翌期以降で課税所得が生じた場合、当該欠損金と相殺することで課税所得を減額することができます。青色申告法人において、9年または10年の繰越が認められています。

※2　込み入ったスキームを駆使して多額の租税回避行為を行ったスターバックスに対して、消費者による不買運動が起こったのは有名です。

繰越欠損金の不当な利用を防止するためということで、**繰越欠損金の引継制限**の規定がありますが、一定の要件を満たせば被合併法人（ここでいう100％子会社）の繰越欠損金を引き継ぐことができます。これはまず適格組織再編であるという前提があり、それに加えて①**特定資本関係（50％超の資本関係）が成立してから5年超経過する**ということ（いわゆる5年50％要件）、もしくは②**みなし共同事業要件**、のどちらかの要件を満たせば欠損金は引き継げて、満たせなければ引き継げない[※3]ということになっています。

合併を例にとると、まず、適格合併であるということが前提なので、非適格合併の場合は被合併法人に繰越欠損金があったとしても引き継ぐことはできず、当該欠損金は合併時に消滅してしまいます。ちなみに、会社分割においてはそもそも適格会社分割であったとしても（分割法人がなくなるわけではないので）欠損金の引継ぎはできないこととなっております。

※3　支配関係のない法人間の適格合併については、被合併法人の繰越欠損金の引継ぎ制限はありません。

■**みなし共同事業要件とはどのようなものか**

「みなし共同事業要件」を満たす適格合併とは、次の①～④までの要件を満たす適格合併または①及び⑤の要件を満たす適格合併のいずれかということになります。

①　事業関連性の要件（被合併法人の主要な事業と合併法人の事業とが相互に関連す

るものであること）

② 規模の要件（被合併法人の事業と合併法人の事業のそれぞれの売上金額、従業者数または資本金の額等の事業規模が概ね5倍を超えていないこと）

③ 被合併事業の規模継続の要件（被合併法人の事業が支配関係の生じたときから合併直前まで継続して行われており、かつ、支配関係の生じたときと合併直前のときにおける被合併法人の事業の規模が概ね2倍を超えないこと）

④ 合併事業の規模継続の要件（合併法人の事業が支配関係の生じたときから合併直前まで継続して行われており、かつ、支配関係の生じたときと合併直前のときにおける合併法人の事業の規模が概ね2倍を超えないこと）

⑤ 経営参画の要件（合併前の被合併法人の特定役員のいずれかと、合併法人の特定役員のいずれかが、合併後に合併法人の特定役員になることが見込まれていること）

なぜ、このように繰越欠損金の引継ぎ制限をするのかというと、例えば、**多額の繰越欠損金を有している会社を買収**してきて、その会社を**適格合併することで合併法人における課税所得と相殺**できれば、**税金を不当に減少させる**ことができてしまいます。よって、このような租税回避行為を防止するために被合併法人の繰越欠損金の引継ぎには、一定の制限が設けられているというわけです。

また、これも否認事例としてよくあるのですが、みなし共同事業要件の⑤において、**合併の直前に合併法人の息のかかった人物を被合併法人の特定役員に就任させ、合併後に合併法人の特定役員となる**といった場合や、**もともと被合併法人の特定役員だった人物を合併後の特定役員に就任させるも短期間で退任**させたり、さらに**特定役員としての職務を遂行していない場合**（名目的な特定役員の場合）などは、経営参画要件を形式的に満たすためだけのものとして欠損金の引継ぎ要件を満たしていないこととされるので注意が必要です。

■経済合理性としての「何か」が必要

組織再編については、必ず取締役会の決議を経た上でなされる行為です。取締役会では、もちろん税務面についても検討すべき一要素ではあるものの、それ以上に企業グループにとって組織再編の大義名分は何かとか、それによる経済効果はどのくらいになるかといった議論はもちろんなされるはずです。よって、その上で組織再編行為が実行されるということは、そこに**税の軽減**[※]**効果以上の主目的**があるはずです。

※ 税の軽減を図ることを目的とした組織再編が、必ずしも違法であるというわけではなく、あくまでも不当な税逃れと判断された場合に問題があるということになります。

多くの税務訴訟の事例をみても、実はそこが決め手になっています。**取締役会や経営会議の議事録には組織再編行為を行うにあたっての経済合理性の検討**、すなわち**税の軽減効果以外の組織再編成を行うことについての意義・目的などを検討しているか**が確認されることとなります。そして、これの意味するところは、組織再編に関して取締役会に議案としてあがってきた場合に、どういった運営を心掛けるべきかを示唆するものといえます。

■必要以上に回りくどい手順を踏んでいないか

また、仮に税務訴訟となった場合に納税者側に不利に働くものとして、**通常想定される組織再編の手順を踏んでいるか**どうかというのもポイントとなります。例えば、シンプルにA社とB社を合併させれば当初想定されたシナジー効果やらコストの軽減効果などの目的は適うはずなのに、なぜか会社分割やら株式交換などを駆使して回りくどく組織再編行為を連続して行った結果、A社とB社が合併した場合と同じ出来上がりになったとしましょう。

そして、シンプルにA社とB社を合併していたらB社の繰越欠損金が持ち運べなかったにも関わらず、このような回りくどい連続組織再編によってA社はB社が有していた繰越欠損金を取り込むことができたとしましょう。その場合における当該連続組織再編については組織再編税制の趣旨・目的から逸脱しているとして、租税回避行為だと認定されやすくなります。

同様に、仮にある企業グループ内のα社において（適格要件を満たすために）規模を縮小してからβ社と合併し、少し時間を経過させたのちにこの合併会社を親会社が吸収合併すると、（本来親会社が子会社αと合併した場合には取り込めなかった）子会社αが有していた繰越欠損金を取り込めることとなるので、この先○○年で△△円の節税効果が見込めます、などといったコンサルティング会社からの立派な内容のレポートが税務調査で発見されたとしましょう。こういった場合は、もし別の秀逸な組織再編を行うに際しての大義名分があったとしても、納税者側にとても不利に働くことになります。

■結局は税制の趣旨を逸脱していないかで判断される

ある上場会社において、この〝5年50％要件〟等の形式要件をすべて満たしていたにもかかわらず、合併による欠損金の引継ぎが否認され、令和3年1月に最高裁にて納税者（合併会社）の敗訴が確定したという専門家の間でも注目された事案がありました。裁判上で欠損金の引継ぎが認められなかった理由として、そもそも組織再編税制の趣旨というのは、合併による事業の移転及び合併後の事業の継続があるということが前提であるのに対して、この事例では**事業の移転や継続というのがそもそも想定されていなかった**以上、それは組織再編税制の趣旨から逸脱するものだと結論付けられたためです。

課税当局は、繰越欠損金の引継ぎにより不当な税負担の減少があると認定すれば、組織再編成に係る行為計算否認規定である法人税法132条の2を適用して欠損金の引継ぎを否認することとなります。100%グループ内再編については、条文において適格要件の中に事業継続要件はないため、条文通りに解釈すれば繰越欠損金は引き継げるということになるのですが、行き過ぎた税負担軽減行為を否認するために課税当局が用いるのが132条の2という伝家の宝刀ともよばれるものです。

組織再編税制は、そもそも組織再編行為の時点でどう考えていたか(その時点で株式を継続して保有する意図があったか否かなど)という要件がある時点で、形而上学的なものを扱っているようにすら感じることがあります。租税回避の意図があったかなかったかについては、はっきり言えば実行当事者が白状しないとわからないことですし、もっと言えばグループ内組織再編行為のうちの多くが税負担の軽減を(主)目的としているのではないかとさえ感じることもあります。

最後にまとめますと、組織再編税制が適用される場面においては、**保有資産の含み益などの顕在化による課税の回避**のために**適格要件の該当性を一つ一つ検討**することの方に軸足を置きがちです。もちろんそれも重要ですが、否認リスクレベルでいえば、それ以上に**繰越欠損金の移転を伴う組織再編**の方が、将来の税負担の減少を伴う行為だということもあり、税務当局はこちらの方を問題視しています。

よって、取締役会において繰越欠損金の移転を伴う組織再編行為が決議事項となる場合は、まず考慮すべきは当該組織再編が「どのような趣旨・目的があるのか」についてです。そのうえで、税務上の否認リスクを考えると「その趣旨・目的は税を軽減する効果を上回るものか」という点についても入念に検討する必要があるということになります。

第6章　ＩＦＲＳ

ＩＦＲＳからは、すでに観念臭は消えている。

File 06

グローバル展開していない会社でIFRSを適用する必要があるか

取締役会議事録メモ　△月×日

野村　当社においても、そろそろIFRSの導入を検討したいと思っていて、まだ本取締役会の議題にするのは先になりますが、一応プロジェクトはスタートさせたいと思っています。当社において影響のありそうなところを自社の経理部独自で上げてもらったので、藤川取締役、ここで発表していただけますでしょうか。

藤川　はい。まず一般的に当社がこれまで過去のM&Aにて計上した「のれん」の償却負担というのがなくなりまして、それ以外にも……(以下、説明をする)。

新庄　それはいいですね。のれんの償却負担があるおかげで、ストック・オプションの業績条件が毎年厳しいので、それがなくなるだけでも万々歳ですよ。

金本　野村社長、そもそも何でグローバル展開しているわけでもない当社においてIFRS導入を考えたのでしょうか。

野村　うーん、そこなのだが、いずれすべての日本企業において強制的に適用になるのであれば、早めに導入した方がいいのではないかというのと、導入支援コンサルティングの会社の人間から熱心に勧められて……。

藤川　経理の立場から言わせていただきますと、当社の固定資産の多くはオペレーティング・リースとなっており、ＩＦＲＳ適用だと実務の負担が大きいのでその前にすべて購入に切り替えたいと思っております。

新庄　10年前に当社が上場するときに退職給付引当金を計上するのが嫌だからと、すべて401Kに切り替えたように、会計によって社内の制度やオペレーションを変更するということが今回も起こり得るということか。

金本　社長、まだ日本の全上場企業においてＩＦＲＳの強制適用が決まったわけではないですし、今のところはそうならない可能性の方が高いと聞きますよ。しかも、今は日本基準とのコンバージェンスというのを行っているので、別に日本基準のままでもＩＦＲＳに近いものになっています。

藤川　私も、個人的にはまだ当社において積極的にＩＦＲＳを導入することのメリットに乏しいと思うのですが。海外子会社における事務負担も増えることとなりますし。

野村　そうか。では、一旦見送るとするか。

新庄　いや、ストック・オプションの行使条件が……。

ＩＦＲＳの導入にあたって

■業務量の増加によるマンパワー不足に注意

近年、ＩＦＲＳの任意適用企業が増加傾向とあり、色々と新聞紙上を賑わせています。以前から、自社においてＩＦＲＳの導入を検討しているなんて話があったものの、ＩＦＲＳがどんなものなのかよくわからないうちにその導入の是非が取締役会の議題としてあがってきた場合、役員の方々におかれましても何だかわからないまま異議をとどめず賛成しましたなんてことにならないように、本章では日本基準との違いを中心にＩＦＲＳの会計処理における特徴と、その導入にあたっての実務についても言及していきたいと思っています。

最初に具体的な導入スケジュールの話をしますと、例えば2年後の２０２４年3月期からＩＦＲＳを任意適用するとなった場合、基本的にはＩＦＲＳ移行日である２０２２年4月1日時点のＩＦＲＳベースの財政状態計算書の作成・監査が必要になりますから、遅くともその前段階である２０２２年の1～2月あたりには取締役会にて議論し尽くされて導入の有無についての結論がでている必要があります。また、導入が決定し次第その旨のプレス・リリースの公表も必要となってきます。

ＩＦＲＳの内容にある程度精通しておくということもさることながら、ＩＦＲＳへの移行プロジェクトにおいて**スケジュール的に無理はないか**とか、また海外子会社を有していれば、現地の経理人員の能力等も加味して、**期日までに正確な連結パッケージやそれに付随する情報が上がってくるか**等の確認は導入前の段階において必須となります。

あと、ＩＦＲＳは注記など情報開示の分量が日本基準に比してかなり多いので、導入後の実務においては、経理部員・財務部員の決算期における**業務量が過重になるなどマンパワーの問題**も検討しておくことが肝要です。

※ 連結パッケージとは、親会社による連結決算のために子会社が親会社に報告する資料のことをいいます。

■非グローバル企業もＩＦＲＳを採用している

では、どうして近年、ＩＦＲＳ任意適用に踏み切る会社が増えているのか。仮にそれが経営者のトップダウンによるものだとしても、その契機となったものは何なのか、そしてその経営者の判断に邪な気持ちはなかったのか、などについて考えるにあたっては、その前にＩＦＲＳの特徴やメリット・デメリットといったものを理解しておく必要があります。

上場会社の中でもグローバルに展開している大企業がＩＦＲＳを採用するというのは

わかりますが、そうではない**どちらかというとローカルに分類される上場企業が採用するという事例**もちらほら見られるところです。ですので、そのあたりの企業におけるＩＦＲＳ採用理由といったものが垣間見えると自社にとっての導入の可否も判断しやすくなるかもしれません。

実際のところＩＦＲＳ関連の専門書を数冊手に取って、通り一遍目を通しただけではその特徴を掴むのは困難で、例えばＩＦＲＳの専門書の最初に出てくる「概念フレームワーク」※から理解しようとしてもなかなか腹落ちできないのではないでしょうか。ただ、私もクライアント先でＩＦＲＳ適用企業が1社あり、実務において触れることができているのでわかりますが、ＩＦＲＳが日本でも話題になり始めた２００８年あたりにおいて語られていたような、何か得体のしれないものといった印象は(今は)全くありません。

■日本基準の個別財務諸表と大きく乖離した処理は疑義あり

得体のしれないものという印象を抱いてしまう理由の一つに、ＩＦＲＳの最も有名な特徴として**「原則主義」**というものがあり、この言葉の持つ印象に引っ張られてしまっているという部分もあるのかもしれません。例えば、多くのＩＦＲＳ関係の専門書は、

※　概念フレームワークは、先に財務報告の目的や資産・負債などの概念を設定し、そこから演繹的に個々の会計ルールを作っていくという目的で、財務会計の概念を体系化させたものです。

IFRSは原則主義といって原則を規定するのみで細かな規定は定められておりません」という記述をよく見かけます。[※1]「日本基準は会計処理のルールが詳細に規定されている反面、

※1 これを「細則主義」といい、詳細な判断基準や数値基準が定められています。

「原則主義」であるというからには、日本基準に比して相対的に裁量や判断の余地が大きいので、実務において混乱が生じてしまうのではないか、逆に自社の都合のいいように解釈することで有利な会計処理を採用することだってできてしまうのではないか、などと考えているうちにIFRSは何だかよくわからないものという印象を抱いてしまうのでしょう。

しかし、「原則主義」の趣旨というのは、そもそも事前に詳細な判断基準や数値基準が定められていると、あえてそれを潜脱する余地を残したり、また逆に数値基準があることで実態と乖離するといったことも想定されるので、そういった**一律な判断を避けることで適切な自社の実態に沿った会計処理を行う**という点にあります。

よって、日本基準における繰延税金資産の回収可能性の判断に代表されるような詳細な判断基準や数値基準がIFRSにおいては少ないために、実態に即した会計処理の選択といっても判断に迷う場面も少なくはないでしょう。ただ、それでも日本企業は**個別財務諸表において日本基準が適用**されているわけで、ダブルスタンダードではないです

が、その両者の間で**乖離しない会計処理をＩＦＲＳベースの連結財務諸表においても選択**していくというのがより実務的ではないかと思われます。

「原則主義」と双璧をなすＩＦＲＳの特徴として挙げられるのが**「資産負債アプローチ」**です。日本基準においては伝統的に「収益費用アプローチ」を採用してきましたが、これは平たく言うと一会計期間の業績である利益は、収益マイナス費用の結果として捉えられるという会計観になります。それに対して「資産負債アプローチ」[※2]は、一会計期間の企業の富である**利益は、資産と負債の差額として導き出される純資産額の変化分**であるとされます。

ただ、この会計観については言うに及ばず、そもそも１９９０年代後半からの時価会計に代表される会計ビッグバンとその後のＩＦＲＳへのコンバージェンスの進展の結果、日本基準はすでに資産負債アプローチ型になっています。２０１１年に包括利益[※3]の概念が日本基準に導入された時点で、日本基準とＩＦＲＳとの間にこういった会計観としての有意差はなくなったといえるのではないでしょうか。

※2　ＩＦＲＳが「資産負債アプローチ」を採用することの裏返しとして公正価値思考を持つともいわれていますが、ＩＦＲＳにおいて資産・負債はすべて公正価値によって評価することとはされていないですし、それは日本基準においても同じスタンスであるといえます。

※3　包括利益とは、当期純利益とその他の包括利益の合計です。その他の包括利益というのは、その他有価証券評価差額金など含み損益の増減のようなものになります。

■ＩＦＲＳが日本基準と異なる点

日本基準との会計処理の相違については後述するとして、ＩＦＲＳのその他の特徴をざっと挙げますと、まず**貸借対照表については財政状態計算書**という名称でよばれ、またそこでの表記も上から非流動資産→流動資産、資本→非流動負債→流動負債の順に表記することも認められます。これを**固定性配列法**というのですが、日本のＩＦＲＳ任意適用企業の多くは流動資産→非流動資産、流動負債→固定負債→資本という**流動性配列法**を採用しています。

多くの日本企業は当期純利益をボトムラインとする損益計算書と包括利益を表示する包括利益計算書[※1]の２つの計算書で行う形式である２計算方式[※2]を採用しています。日本基準では売上総利益、営業利益、経常利益、税引前当期純利益などの各段階利益が表示されることが決められていますが、**ＩＦＲＳでは最低限必要となる利益区分は当期利益のみであり、段階利益の表示は任意**という扱いになっているという点が大きな特徴となっています。

そして、ＩＦＲＳにおいては、**特別損益の概念はない**ため、例えば**固定資産売却損益や減損損失などは「その他収益」「その他費用」という項目で営業利益に含まれる**こととなります（といいますか、含めている会社が多いです）。営業利益に含まれないのは、

※1　包括利益計算書においては、当期純利益にその他の包括利益の内訳科目を加減する形で包括利益が表示されます。
※2　日本企業における日本基準採用企業のみならず、ＩＦＲＳ任意適用企業の多くも２計算方式を採用しています。

金融損益と投資損益のみで、それ以外の損益はすべて営業損益に含まれることとなります。

要するに、日本基準における営業利益とはその範囲が全然違うものとなってしまっており、**IFRS[※3]における営業利益はいわゆる本業で稼ぎだす利益ではない**ということです。そういう事情もあって、我が国におけるIFRS任意適用の企業は「事業利益」や「コア営業利益」などの名称を用いて、いわゆる**本業で稼ぎだす利益に相当する段階利益を任意に用いている会社が多い**です。

そのほうが、日本基準に馴染んできた投資家等にとっては親近感があるためです。このようにIFRSにおける財政状態計算書及び損益計算書&包括利益計算書の表示面に関しての自由度が高いため、**自社独自にカスタマイズする**ことができるというのもまたIFRSの特徴の一つです。

※3　IFRSにおける営業利益と言っていますが、現状はあくまで任意開示です。ただ、近い将来、IFRSでの営業利益が新たに定義されたうえで開示が義務化されるようです。

財務諸表全体に関わる注意点

① 連結

■連結の範囲に関する考え方の相違

第4章では「連結の範囲」を中心に見てきましたが、ＩＦＲＳと日本基準においてはこの「連結の範囲」の考え方に相違があります。それは両者とも連結に取り込む範囲を決めるにあたって〝支配〟という概念を取り入れているものの、**ＩＦＲＳでは日本基準のような議決権比率（数値基準）については示されていない**という点です。

また、日本基準では「支配が一時的であると認められる企業」や「連結することにより利害関係者の判断を著しく誤らせる恐れのある企業」については連結除外するという規定がありますが、ＩＦＲＳでは連結除外規定というものがないため、**すべての子会社を連結しなければならない**という扱いになっている点も日本基準とは異なります。

ＩＦＲＳにおける〝支配〟という概念にも定義があって、それは①投資先に対するパワー、②投資先からのリターンの変動制に対するエクスポージャーまたは権利、③パワーとリターンのリンクの3つの条件を満たしたときに、支配があると判断されることとなります。ここでいうリターンは一般的な意味と同じなのでわかるかと思うのですが、「パワー」というのはなかなか抽象的な表現になりますので、「パワー」の意味内容についても確認が必要です。

パワーとは、関連する活動（投資先の活動のうち投資先のリターンに重要な影響を及ぼす活動）を指図する能力を与える現在の権利のことをいいます。要するに、日本基準でいう重要な意思決定権を握っているというのとほぼ同義と解釈してもいいのかもしれません。また、これは日本基準と異なるところですが、**潜在議決権について、実質的な権利であると認定できる場合については、パワーの判定に含める**こととされています。

例えば、仮に議決権比率が20％程度の投資先があったとして、別の会社から予め定められた一定の価格で普通株式を取得するいつでも権利行使可能なコールオプションを40％ほど有しているといった場合、普通株式に転換すれば議決権の過半数を取得することとなるため、連結の対象となり得るといった具合です。

■子会社・関連会社すべてにＩＦＲＳを適用しなければならない

「連結」に関する日本基準との相違ということでいいますと、**ＩＦＲＳでは親会社のみならず連結子会社や持分法適用の関連会社にまで、ＩＦＲＳに基づいた同一の会計方針を適用しなければいけない**ということになっており、日本基準に比して厳格化されているといえます。日本基準においては、在外子会社の財務諸表がＩＦＲＳまたは米国会計基準に基づいて作成されている場合は、特定の項目を除き、修正することなく連結することができるという扱いになっています。

ちなみに、ここでいう特定の項目というのは、1．のれんの償却、2．退職給付会計における数理計算上の差異の費用処理、3．研究開発費の支出時費用処理、4．投資不動産の時価評価及び固定資産の再評価、5．資本性金融商品の公正価値の事後的な変動をその他の包括利益に表示する選択をしている場合の組替調整の5項目をいい、これらは重要性が乏しい場合を除き日本基準に修正することが条件となります。

■結局、単体財務諸表は日本基準で作成する

我が国においてＩＦＲＳの任意適用についてはあ**くまでも連結財務諸表においてのみ**認められており、単体財務諸表においては認められていないので、いずれにせよ**単体**[※1]**についでは日本基準での作成を要する**こととなります。この理由の一つとして、確定決算[※2]

※1　これを連単分離といいます。ただ、連結財務諸表を作成していない日本企業がＩＦＲＳを任意適用する場合、ＩＦＲＳの財務諸表に加えて日本基準による財務諸表の開示も必要になります。

※2　確定決算主義とは、法人税の計算については株主総会において確定した決算に基づく利益に申告調整を行ってなされるという考え方をいいます。

主義を採用している税法基準や会社法に基づく分配可能額規制[※3]との兼ね合いがあるためです。

ですので、実務の上では最初からＩＦＲＳベースの財務諸表を作成していくというのではなく、あくまで日本の親会社については**日本基準で作成された財務諸表を出発点と**して、そこに組替仕訳というものが付加されることによってＩＦＲＳベースの財務諸表へと変換されることとなります。さらに、グループ全社においては**連結対象となるすべての会社においてＩＦＲＳベースの財務諸表に組み替えたうえで連結作業[※4]に入っていく**というプロセスを採用している会社が多いかと思います。

※3　237ページ参照

※4　135ページ参照

②　公正価値

資産負債アプローチを基礎とするＩＦＲＳにおいて、公正価値という概念は伝統的にＩＦＲＳを特徴づけるものとなっています。ただ、日本においても「時価の算定に関する会計基準」が導入されて（2021年4月1日以後開始する事業年度から適用）、ほぼＩＦＲＳとの差はなくなっているともいわれています。

しかし、**非上場株式などの市場価格のない株式や出資金等**については、日本基準では流動性が低く時価を把握することが困難であるという理由により**取得原価による測定**[※1]とされているのに対して、ＩＦＲＳでは子会社や関連会社株式などを除いて**公正価値による測定**[※2]が要求されています。

ちなみに、投資不動産についてＩＦＲＳでは公正価値モデルと原価モデル[※3]の選択制となっていて、公正価値モデルは、期末時に公正価値で測定され、帳簿価額との差額である評価損益については純損益として認識されるというものです。また、原価モデルを採用したとしても、注記として公正価値を開示する必要があります。

※1　財政状態の悪化など実質価額の著しい低下があれば評価損が計上されます。

※2　通常、観察可能な相場価格は存在しないので、ＤＣＦ法やマルチプル法などの手法（19ページ参照）を用いて測定されます。

※3　日本基準は原価モデルのみとなっております。

財政状態計算書に関連するもの

①　繰延税金資産

■回収可能性の判定に企業区分も数値基準もない

　繰延税金資産の回収可能性について、第2章で解説したように日本基準だと**5つの企業区分に基づいてそれぞれ評価方法**を定めています。例えば、分類3以降については課税所得を見積もる期間が無制限ではなくなりますし（分類3では5年、分類4では1年）、スケジューリング不能な一時差異については、分類1のみが無条件で繰延税金資産の全額を計上することができます。

　これに対して、**IFRSの場合は企業区分や数値基準といったものがない**ため、回収可能性が高い範囲内で繰延税金資産を認識していくこととなります。具体的には、十分な課税所得があるか、十分な将来加算一時差異[※1]があるか、さらにはタックスプランニングの実行可能性などを総合的に勘案して判断することになります。

　例えば、日本基準におけるスケジューリング不能な将来減算一時差異について、

※1　将来加算一時差異とは、一時差異の解消時において課税所得を増額する効果を持つものをいいます。

ＩＦＲＳにおいては一時差異の解消のスケジューリングが立たないという理由のみでは繰延税金資産を計上できないということにはならず、他の所得によって十分な課税所得が生じる可能性が高ければ、**スケジューリングが不能であっても繰延税金資産を認識する**ことができることとされています。

税務上の繰越欠損金についても同様で、日本基準ですと基本的には分類4や分類5とされることとなりますが、ＩＦＲＳにおいては繰越欠損金があることをもって将来課税所得が稼得できないと一旦はみなされるものの、他の所得によって十分な課税所得が生じる可能性が高ければ繰延税金資産の計上ができると考えられています。このように、**両者において回収可能性の検討プロセスがかなり異なる**ことに留意が必要です。

このあたりがＩＦＲＳが原則主義であるといわれる所以なのかもしれませんが、要するに繰延税金資産については、向こう1年とか5年の課税所得といったスケジューリング期間に縛られることなく、それ以降の期間についてもあくまで**実現の可能性が高いと考えられる期間の課税所得は考慮していく**という扱いです（ただし、将来期間になればなるほど実現可能性は逓減してきます）。

そして、その**実現可能性の程度についてこそがマネジメント層における判断・決定事項**ということになります。よって、第2章においてもいいましたが、[※2]経営陣は将来の事

※2　よくありがちな新規事業の伸びに依存した根拠の乏しい事業計画といったものは、実現可能性はないと判断する必要があります。

業計画の実現可能性を計ることができ、またそれが会計に重要な影響を及ぼすということへの十分な認識が必要です。

ちなみに、先ほどＩＦＲＳ任意適用企業は、連結財務諸表はＩＦＲＳでの開示であり、個別財務諸表はあくまで日本基準であると説明しました。そして、税効果の会計処理方法については日本基準とＩＦＲＳに大きな相違はないものの、回収可能性の考え方についてはこのように大きな相違があります。よって**日本基準における回収可能性の分類判定を（個別において）実施**したうえで、さらに**ＩＦＲＳベースでの回収可能性を**（連結財務諸表において）**別途検討**して繰延税金資産の算定を行うというのが実務的な流れとなります。

ただ、極端な例ですが、例えば日本基準では分類４の企業が、単体では形式的に判断されてしまうので繰延税金資産の計上がほとんどできなかったものの、連結ではＩＦＲＳベースでの実質的判断ができるということで、将来の課税所得の予測について、その実現可能性を10年先まで見込んだうえで、多額の繰延税金資産が計上できるかといったら、それは現実的には難しいといえます。

日本基準における個別財務諸表での判断結果をＩＦＲＳベースの連結財務諸表上の回

収可能性の実質的判断をするうえでも、**それなりに斟酌**することとなるというのが現行の日本企業における実務プロセスではないでしょうか。

② 減損損失

日本基準においては減損損失の戻し入れは認められませんが、**IFRSでは減損損失の戻し入れが認められて**おります。また、減損損失の認識及び測定のところで、日本基準では2ステップアプローチであるところ**IFRSでは1ステップアプローチ**を採用しているという点です。これは、よくこのアプローチ方法の違いによって**IFRSの方が減損損失が早期に認識される**というように説明されるものです。

2ステップアプローチというのは、まず割引前将来キャッシュ・フローと帳簿価額とを比較し、減損損失の認識の検討を行ったうえで、割引前将来キャッシュ・フローの方が帳簿価額よりも大きい場合は減損損失の測定は行わないというものです。それに対して、1ステップアプローチは割引前将来キャッシュ・フローと帳簿価額との比較をすることなく、**帳簿価額と回収可能価額（＝割引後将来キャッシュ・フロー）を比較**することにより、減損損失の認識及び測定を行うというものです。

これも割引現在価値の話のところで説明しましたが、仮に10年くらいの将来キャッシュ・フローの現在価値を算出する場合、割引前に比して7掛け程度になっていることはざらにあります。よって、仮に単体ベース（日本基準）で減損不要と判定されても、**連結**[※]**ベース（ＩＦＲＳ）で判定した場合に減損が必要となる**ことも可能性としては十分にあります。

また、**将来キャッシュ・フローの見積り期間**について、日本基準ではその多くが20年と長期に及ぶ一方で、**ＩＦＲＳでは最長でも5年**とされるものの、予測の対象期間を超えたキャッシュ・フローについては一定または逓減する成長率を使用して見積もるものとされております。

③　のれんの減損

ＩＦＲＳにおいて、日本基準との相違で最もポピュラーでインパクトの大きいものが**のれんの非償却**[※1]であります。ただ、非償却ではあるものの、**減損の兆候の有無に関わらず最低年1回の減損テスト**を実施する必要があります。この点、日本基準においては業

※　割引前将来キャッシュ・フローが帳簿価額をわずかに上回っている場合が該当します。

※1　ただ、ＩＦＲＳの基準設定団体においても、大きく積み上がったのれんが、一時に巨額の減損を迫られた場合におけるシステミックリスクを懸念しており、もしかすると近い将来、ＩＦＲＳでものれんを償却することになる可能性があります。

績の悪化等減損の兆候が発生している場合に限り減損テストが行われるという点で異なります。

日本基準では、のれんは20年以内で償却されますが、ＩＦＲＳでは償却されないこととなるため、のれんの償却費を計上していた企業については、ＩＦＲＳに移行してから償却負担がなくなることでその分の利益が嵩上げされることとなります。ちなみに、後述しますが、初度適用の免除規定を使えば、ＩＦＲＳ移行日以前の償却は修正されないこととなります。

ＩＦＲＳであってものれんについて認識した減損損失については戻し入れできないこととなっています。さらに、のれん単独では独立したキャッシュ・フローを生み出さないため、減損の判定を行う際には資金生成単位[※2]にのれんを配分して、そのうえで減損の判定を行うこととなります。

ちなみに、減損テストの具体的な方法というのはこの資金生成単位についてまず回収可能価額を算定し、当該資金生成単位の「のれん」も含めた帳簿価額との比較を行うこととなります。資金生成単位の回収可能価額は、売却費用控除後の公正価値（いわゆる時価）と使用価値（将来キャッシュ・フローの現在価値）のいずれか高いほうの金額をい

※2　資金生成単位は、他の資産または資産グループのキャッシュ・インフローから概ね独立したキャッシュ・インフローを生成する最小の識別可能な資産グループをいいます。

います。

減損テストの実施方法によっても違いがあって、第2章のコラムにも記載しましたが、日本基準においてはのれんを各資産グループに配分する方法については例外的に認められているだけであって、原則的方法ではありません。しかし、IFRSにおいては、**資金生成単位(グループ)に配分する必要**があるため、日本基準のような複数の資産グループにのれんを加えた、より大きな単位での減損損失の認識と測定はできません。

④ 開発費

日本基準において、研究開発費については本来は将来の収益に対応させるべきと考えられますが、将来の便益が得られるかが不確実であることを理由に、発生時にすべて費用計上が求められているのは周知のとおりです。IFRSにおいては研究費については日本基準と同様であるものの、以下の**6つの要件をすべて満たした開発費については無形資産(開発費)として認識**することとされており、**それ以外の開発費については費用処理**を求められます。

① 無形資産を完成させ、これを使用(または売却)することが技術的に可能である。

②　無形資産を完成させ、これを使用（または売却）するという意図がある。
③　無形資産を使用（または売却）する能力がある。
④　無形資産が将来の経済的便益を創出する方法を示すことができる。
⑤　無形資産を完成させ、これを使用（または売却）するための技術上、財務上及びその他の資源が利用可能である。
⑥　無形資産の開発局面の支出を、信頼性をもって測定できる能力がある。

この６つの認識要件を満たしたうえで、開発の完了までに発生した費用の合計額は無形資産として計上されますが、一旦計上された無形資産については「のれん」のように非償却という扱いではなく、原則としてはその開発した製品ライフサイクル期間を見積もって、それを耐用年数として定額法にて償却していくこととなります。

研究開発活動が活発である医薬品業界においては、財務に及ぼすこの影響はそれ相応に大きいものとなっています。例えば、他社から仕掛中の研究開発プロジェクトをＭ＆Ａによって買収（企業結合における「取得」に該当）するというのは多くありますが、当該仕掛研究開発費についてはＩＦＲＳのみならず日本基準においても識別可能性があれば無形固定資産としての計上も認められます。

しかし、取得企業においてその後の開発行為を（上市するまで）継続するといった場合に、上記６要件を満たしたその後の開発コストについて、**ＩＦＲＳにおいては資産計上することとなりますし、日本基準においては費用となります**ので、会計上は大きな相違があるといえます。

純損益及びその他の包括利益計算書に関連するもの

① リサイクリング

■日本特有の相互保有株式の取り扱い

第1章のROEのところでも言及したように、日本企業の伝統的問題点として**相互保有株式**というものがありました。これは、会計的にも優れもので、例えば業績が芳しくなく会計上の利益が欲しいとなったときに、この持ち合い株式を売却することにより投資有価証券売却益を計上することで益出し※をすることができてしまいます。

しかし、IFRSではこういった形での売却損益についてPL計上することは良しとしないという会計観を有しています。実際には、このようなトレーディング目的ではない資本性金融商品（株式等）については、**評価損益・売却損益を毎期純損益として計上する**か、もしくは**純損益ではなくその他の包括利益を通じて認識**するかの選択制ということになっております。

ちなみに、IFRS任意適用の日本企業の多くは**後者（FVOCIオプションといい**

※ クロス取引といって、益出ししてすぐに買い戻すという取引を行うこともできます。

ます）を選択しています。その理由は株式を相互保有しているということは、そもそも滅多に売却をすることは想定されておらず、そのような**株式の評価損益が毎期の当期利益に含まれる**といったような**不可抗力的な損益の変動についてはなるべく避けたいと**いうことかと思われます。

■退職給付債務を例に考える「その他の包括利益累計額（AOCI）」

その他の包括利益（OCI）を通じて認識された損益の累計額は「その他の包括利益累計額（AOCI）」といい、IFRSにおいて※1リサイクリングが禁止されている項目についてIFRS任意適用の多くの日本企業においては、※2**AOCIから直接利益剰余金に振り替える**という処理を行っています。ただ、このように言ったところでその意味内容を理解するのは難しいため、のちほど具体的な数値例でみていきます。

例えば、退職給付債務に係る数理計算上の差異（IFRSでは確定給付負債の純額の再測定といいます）について、日本基準においては原則として平均残存勤務期間以内の一定の年数で毎期費用処理し、※3費用処理されない部分（未認識部分）については税効果調整のうえでその他の包括利益で認識します。それに対し、IFRSでは、全額をその他の包括利益で認識することとなります。

※1　リサイクリングとは、一度その他の包括利益として認識したものについて、その利益を当期純利益として計上し直すことをいいます。

※2　振替をしないという方法も認められており、その場合はAOCIに金額が累積されることとなります。

※3　発生年度に全額費用処理する方法も認められております。

日本基準ではその後の償却を通じてのリサイクリングが認められているのに対し、ＩＦＲＳでは日本基準のように一定の年数で償却することもないですし、その後の※4リサイクリングも禁止されています。ただ、このままだとリサイクリングした場合との結果の整合性が保てないため、その他の包括利益累計額を利益剰余金に振り替えるということがＩＦＲＳにおいて認められ、多くの日本企業において実際に行われています。あくまで任意なので振替をしなくてもいいのですが、その場合はリサイクリングした場合（日本基準）との間で利益剰余金に不一致が生じたままになります。

具体的な数値で見ていきましょう。例えば、退職給付債務の計算をしたところ、当期において１０００の数理計算上の差異（不利差異）が発生したとしましょう。仮に日本基準では10年で償却するとなった場合、当期において▲１００を退職給付費用としてＰＬ上の費用計上をすることとなり、費用計上されなかった▲９００についてはその他の包括利益で認識します。また、貸借対照表においては※5退職給付引当金という負債１０００が※6即時認識されることとなります（リサイクルするパターン（日本基準）の×01期貸借対照表参照、２２２ページ）。

このように、一旦その他の包括利益として計上された金額▲１０００について、ＰＬ

※4　ＩＦＲＳはすべての項目についてリサイクリングを禁止しているわけではなく、主にＦＶＯＣＩオプションを選択した資本性金融商品（株式等）と年金の再測定（数理計算上の差異）の2つとなります。よって、それ以外については現行の日本基準との差異はないということになります。

※5　退職給付引当金は個別財務諸表における名称で、連結財務諸表においては「退職給付に係る負債」がこれに対応するものとなり、退職給付債務（ＰＢＯ）から年金資産を控除した金額で計算されます。

※6　あくまで連結財務諸表における扱いであり、個別財務諸表においては退職給付引当金という負債科目の遅延認識が認められております。

項目（純損益）に退職給付費用として（▲１０００を10年に渡って）振り替えることを**リサイクリング（組替調整）**とよんでいます。ＩＦＲＳにおいては数理計算上の差異についてリサイクリングを認めていないので、その場合は▲１０００すべてについてその他の包括利益として認識したとしても、その後は日本基準におけるようなＰＬ項目への振替は行いません。そして、その場合はリサイクリングするパターンとで以下のような貸借対照表上の相違が発生します（リサイクルしないパターン（ＩＦＲＳ）の×01期貸借対照表参照）。

ただ、これだとリサイクリングする場合としない場合での貸借対照表の純資産の部における整合性が取れなくなります。よって、多くのＩＦＲＳ任意適用企業はその他の包括利益累計額から利益剰余金への振替を行うことによって、日本基準[7]における場合（リサイクリングするパターン）との整合性を保つこととしております。

ＩＦＲＳにおいて、その他の包括利益累計額から利益剰余金への振替を行うことはあくまで任意です。そして、振り替える場合においては持分変動計算書[8]において「その他の包括利益累計額から利益剰余金への振替」という項目において振り替えることとなります（持分変動計算書参照）。

※7　ただ、日本基準においては遅延認識が認められているため、リサイクリングするパターンと整合するのは遅延認識がすべて終わった時点となります。

※8　資本の各内訳項目について、期首から期末までの帳簿価額の変動を表示するもので、日本基準における株主資本等変動計算書のことをいいます。

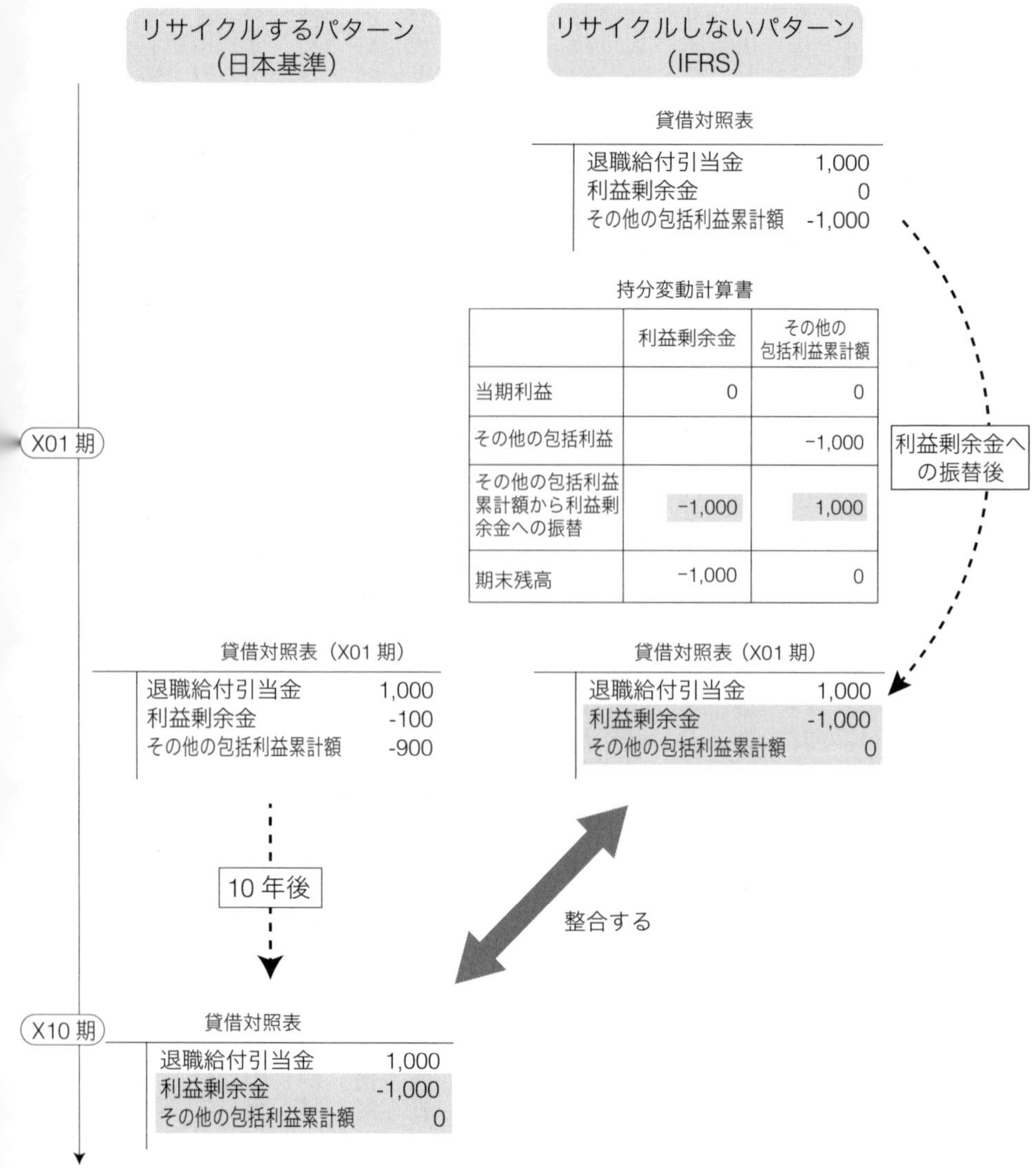
リサイクルするパターン
（日本基準）
リサイクルしないパターン
（IFRS）
貸借対照表
退職給付引当金 1,000
利益剰余金 0
その他の包括利益累計額 -1,000
持分変動計算書
利益剰余金
その他の包括利益累計額
当期利益 0 0
その他の包括利益 −1,000
その他の包括利益累計額から利益剰余金への振替 −1,000 1,000
期末残高 −1,000 0
X01期
利益剰余金への振替後
貸借対照表（X01期）
退職給付引当金 1,000
利益剰余金 -100
その他の包括利益累計額 -900
貸借対照表（X01期）
退職給付引当金 1,000
利益剰余金 -1,000
その他の包括利益累計額 0
10年後
整合する
X10期
貸借対照表
退職給付引当金 1,000
利益剰余金 -1,000
その他の包括利益累計額 0

② 減価償却

■税法基準には準拠できない

日本基準を採用している日本企業において、減価償却方法について定率法が適用できるものについては定率法を採用し、そうでないものは定額法を採用しており、また耐用年数や残存価額については税法の規定によっているといった会社が圧倒的多数かと思います。これは、日本の税法が確定決算主義を採用しているためであり、かつ企業も税務メリットを最大限享受するためにそのようにしているということです。

しかし、**ＩＦＲＳの場合は日本基準のように税法基準に準拠することは許容されません。**ＩＦＲＳにおける減価償却方法は、固定資産の経済的便益が使用によって費消されるパターンを反映する方法でなくてはならないとされています。例外はあるものの、多くの固定資産はほぼ平均的に使用するということになるでしょうから、その場合は定率法を採用することに合理的な根拠はないということになります。

そのためか、日本企業の多くはＩＦＲＳを任意適用するにあたり、ＩＦＲＳへの移行時もしくはそれよりも以前の段階で**減価償却方法を定率法から定額法に変更**する会社が多いです。減価償却方法については、ＩＦＲＳでは**会計上の見積り**に該当するので、その変更については将来に向けて適用するということとなっております。ちなみに、日本基準においては会計方針の変更[※1]に該当するものの、減価償却に関してはIFRS同様に将来に向けて適用されることになっており、過年度への遡及適用を要しないため比較的、償却方法を変更することは容易です。

■会計方針の変更と会計上の見積もりの変更

ここで、会計方針の変更と会計上の見積りの変更について少し補足します。今は、IFRSとのコンバージェンスの結果、日本基準においてもこれらの取り扱いについて規定の上でもほぼ同じとなっています。そして、その内容はというと**会計方針の変更に該当すると過年度に遡及適用することとなり、会計上の見積りの変更に該当すると遡及しない**こととなっているので、実務においてはこのどちらに該当するかは重要です。

会計方針の変更について遡及するというのは、変更後の会計方針をあたかも従前から適用していたかのように、前期以前に遡って適用するということです[※2]。それに対して、会計上の見積りの変更については、現在の状況が変化したことによる将来予測の変更といえるので、過去に遡って適用するのではなく、変更した期から将来に向けて適用されることとなります。

※1　会計方針の変更に該当するということは、正当な理由によることが必要であり、またその内容を記載する必要があります。

※2　ちなみに、誤謬の訂正についていうと、過去の年度に遡及することになるため、誤謬の訂正なのか会計上の見積りの変更なのかについても、実務上は重要なところです。

特有の処理が求められる科目に関連するもの

① リース

日本のリースに係る会計基準において、ファイナンス・リースといって実際に借入をして対象物を購入したという行為と同一視できるものについては、資産計上をすることになっていますが、オペレーティング・リースというファイナンス・リースに分類されないリース※については資産計上をせずに通常の賃貸借取引に準ずるということとなっています。

しかし、ＩＦＲＳにおいてはそもそもこのようなリースの分類はしません。**オペレーティング・リースを含むすべてのリースについて資産計上する**ことが義務付けられているため、これまでの日本基準では資産計上などせずリース料の支払い時に費用計上していたようなリース、具体的にはＯＡ機器の2年リースや3年のカーリース、さらにはオフィスフロアの10年の賃借といったものまで資産計上することが必要となります。

会計処理としては、借り手側はリースの開始時に**「使用権資産」を資産計上し、リー**

※ 日本基準においても新しいリース基準の開発をしている段階で、本書の執筆段階では公開草案も出ていないという状況ですが、おそらくＩＦＲＳに近いものになるといわれています。

ス料を支払う義務である「リース負債」を負債に計上することになります。このように資産・負債が同額計上されることになるので、総資産や負債が両膨らみで増加することとなり、結果として**ROA（総資産利益率）などの財務指標の悪化**となるという問題も指摘されています。

ちなみに、使用権資産は有形固定資産になりますので、その後は（主に定額法によって）**減価償却**を行っていきますし、リース料の支払いに応じて利息の支払いとリース負債の元本の返済とに分けて処理されるので、**元本の返済に応じてリース負債は減少**していくこととなります。

ただ、IFRSにも例外があって、例えばリース開始日における**リース期間が12か月以内の短期リース**や、**5000米ドル以下の少額資産のリース**については、原則的な取扱いに代えて、リース料をリース期間にわたって期間費用として処理することが可能となっています。

このようなIFRSにおけるリース取引における会計処理は、ファイナンス・リースであってもオペレーティング・リースであってもリースはリースなのだから、同じように処理しないと比較可能性を損なうということと、処理に差異を設けるとなると、例えば資産計上を避けるために意図的に契約上オペレーティング・リースとするようなこともできてしまうという問題があるため、という考えが背景にあります。

②　新株予約権

ストック・オプションの会計処理に関するIFRS固有のものといえば、権利確定後に権利不行使によって失効したものについては、日本基準のように純資産の部における新株予約権[※1]を取り崩して戻入益を計上する[※2]のではなく、**資本項目の中の振替に留める**という点になります。これは、一旦役務提供に対応する資本の増加を認識した後は、権利確定後の資本合計に事後的な修正を行ってはいけないとされているためです。

また、日本基準においては、費用計上の基礎となる公正な評価額の算定において権利確定条件は考慮しないこととされているのに対して、IFRSにおいては、権利確定条件のうち**勤務の完了を条件としない業績条件については、公正価値を測定する際[※3]に当該条件を織り込む**こととされています。よって、この場合は、あえて**勤務の完了を含まない単なる業績条件**とすることで**公正価値が低く測定され、費用計上の額を抑える**ことができます。

※1　IFRSでは新株予約権ではなく、資本の部において資本剰余金として計上されます。

※2　日本基準では、発行会社は株式を時価未満で引き渡す義務を免れたと捉えるためです。

※3　IFRSにおいては、株式市場条件についても公正価値を見積もる際に考慮することとなりますが、日本基準においては考慮されることはありません。

リストリクテッド・ストックについては、日本基準では付与時に金銭報酬債権相当額を前払費用として計上し、同額を資本金等として計上しますが、ＩＦＲＳにおいては付与時には会計処理をせず、**権利確定期間にわたり株式報酬費用を計上**することとなります（相手勘定は資本剰余金）。また、権利不確定による失効時において、日本基準では前払費用を損失処理するのに対し、ＩＦＲＳでは**過去に認識された株式報酬費用（及び資本剰余金）について取り消す**こととなります。

株式交付信託については、日本基準では総額法といってあくまで個別財務諸表への取り込みを行いますが、ＩＦＲＳにおいては**連結手続きにおいて取り込む**こととなります。また、株式交付信託により交付された株式の評価については、日本基準では信託が自社株式を取得したときの株価を基礎とするのに対して、ＩＦＲＳでは**付与日における株価で固定**されるという相違があります。

③　非継続事業

複数の事業を営んでいる企業がその一部の事業を売却をした場合、その事業に係る売上高や売上原価といった損益項目は売却した瞬間から発生しなくなります。そうすると、例えば比較年度と当年度であったり、さらに当年度と将来年度との比較ができなくなってしまうこととなります。ＩＦＲＳにおいてはこのような売却した事業を非継続事業とし、**非継続事業から発生する損益を純額で「非継続事業からの損益」として純損益及びその他の包括利益計算書上で別建て表示**する必要があります。

また、ＩＦＲＳには日本基準にない概念として**「売却目的保有資産」**というものがあります。これは、現在直ちに売却することが可能であり、その売却の可能性が非常に高い資産とされています。例えば、遊休不動産について取締役会で売却の承認があった場合について、その資産については「売却目的保有の非流動資産」として別途財政状態計算書上で他の資産と区分して表示する必要があります。

この両者とも、財務諸表上は括り出して表示するという点で共通しているものですが、非継続事業の定義が、「すでに処分されたか、または売却目的保有に分類された企業の構成単位で、独立の主要な事業分野または営業地域を表すもの等に該当するもの」とされている通り、これから処分される予定の非継続事業についても売却目的保有資産に該当することになります。しかし、非継続事業の定義を満たさない、売却目的保有として分類される非流動資産の再測定による損益は、継続事業からの純損益に含めなければならないという点に注意が必要です。

Column

では、自社においてもIFRSを採用すべきか

■実際のところ比較可能性は向上しているか

２００７年くらいから、ＩＦＲＳと日本基準との主な差異を解消して両者を共通化していくという作業が始まりました。いわゆるコンバージェンスですが、これは共通化というよりはどちらかというと日本基準をＩＦＲＳに寄せていくという作業のことです。その後、２０１０年にＩＦＲＳの任意適用が認められていくことになるわけですが、日本基準においても、包括利益の概念や会計方針の変更の遡及適用、最近では収益認識基準[※1]などの導入が終わっております。

そのような状況下において、**自社においてもＩＦＲＳを採用することにどのような大義名分があるのか**ということでしょう。この点、よくＩＦＲＳ導入のメリットとされているのは2点あって、まず一つ目は**「比較可能性の向上」**が挙げられます。これはいうまでもなく、ある企業同士を比較しようとする際には同じ物差しで作成されたものだと、比較分析が容易になるため、結果として投資家保護に資するというものです。

ただ、これは裏を返すと、グローバル競争をしておらず国内のみで活動しているとい

※1　収益認識基準は、一言でいえば履行義務（財やサービスの顧客への提供義務）の充足に応じて収益を認識していくというものです。日本基準の多くは、売上については出荷基準で計上していましたが、収益認識基準の適用後も国内販売など一定の要件を満たせば出荷基準を適用できることとなります。

った企業については、他の外国企業と比較されるということもないでしょうから、そこで投資家保護のためにあえて多額のコストをかけてまでＩＦＲＳを任意適用しようというインセンティブは乏しいということになりましょう。

どんな理由があるにせよ、一定の企業群がＩＦＲＳの任意適用に踏み切り、別の企業群は日本基準にとどまっているといったような会計基準がチャンポンされてしまっている今[※2]の日本市場の現状こそが、特段グローバル投資家ではない私から見ても比較可能性を損なっているのではないかと思わなくもありません。

これはそもそものＩＦＲＳのメリットといわれるグローバルベースの比較可能性と日本市場におけるローカルベースでの比較可能性とがトレードオフ関係になってしまっているともいえそうですが、いずれにせよ会計基準が一国の社会経済システムを支えるくらい重要なインフラだというのならば、（それがＩＦＲＳかどうかは別にして）早期に一本化すべきであるのは確かだと感じるところです。

■グループにおける決算日の統一はＩＦＲＳ導入における大きな障壁

もう一つのメリットは**「経営管理体制の強化」**です。これは、ＩＦＲＳにおいては**親会社と子会社の決算日を一致させる**[※1]必要があることと同時に、会計方針をも統一するこ

※2　米国基準を採用している日本企業も、まだ何社か存在しています。

※1　ただ、実務上対応が不可能であるといった場合についてのみ、３か月以内の決算期の相違が認められることとなっております。

とが求められるため、グループ全体での予算管理や経営計画の策定が行いやすくなり、ひいては意思決定のスピードアップに資することとなります。

この点、日本基準においては子会社の決算日と連結決算日の差異が3か月を超えない場合には、子会社の正規の決算を基礎に連結決算を行うことが認められており、例えば、12月決算の在外子会社の財務諸表を用いて日本の3月決算親会社の連結財務諸表を作成するということも容認されているところです。

また、会計方針についても日本基準においては同一環境下で行われた同一の性質の取引等について、**親会社及び子会社が採用する会計処理の原則及び手続は、原則として統一すべき**とされており、ただ実務上の煩雑さを考慮し、海外子会社がIFRSや米国基準に準拠していれば、のれん[※2]の償却など5項目を除き、統一はしなくていいということとなっております。よって、**実際のところはグループ会社における海外子会社の多くは、親会社と会計方針が異なる**結果となっています。

ただその反面、IFRSにすることで決算日を統一するとなると、現地の経理スタッフの負担もそうですが、連結作業の実務においてもスケジュール的にタイトなものとなることが容易に想像できます。また、海外子会社[※3]においてはその現地の取引先との関係で決算日を変えにくいということも多いでしょうから、**決算日の統一は実務的には大き**

※2　206ページ参照

※3　中国においては12月決算と定められており、よって中国子会社は3月決算親会社に合わせるために3月に仮決算をする必要があります。

なハードルとなります。

■日本基準からＩＦＲＳへの移行

ここで、ＩＦＲＳにおける初度適用について簡単に触れておきます。仮に２０２２年3月31日終了年度からＩＦＲＳ適用となった場合を例にすると、まずＩＦＲＳは**適用年度と同時に比較年度の財務情報も必要となる**ため、２０２１年3月31日終了年度が比較年度となります。そして、その比較年度の期首である２０２０年4月1日時点における（開始）財政状態計算書についても必要となります。[※1]

ちなみに、四半期決算についてはは２０２１年6月30日に終了する（２０２２年3月31日終了年度における）第一四半期からでも、（２０２３年3月31日終了年度における）２０２２年6月30日に終了する第一四半期でも、どちらの方法でもよいことになっています。ただ、両者とも比較年度における第一四半期のＩＦＲＳ財務諸表が必要となるのは先述の通りです。

原則的には過年度への遡及適用、すなわち**会社を設立してから継続してＩＦＲＳを適用しているのと同じ結果になるように過去に遡ってＩＦＲＳを適用する**ということが必要となるので、決してＩＦＲＳ移行日から将来的にＩＦＲＳを適用すればいいというこ

※1　比較年度の期首をＩＦＲＳ移行日といい、これは初度報告日（ここでは２０２２年3月31日）とは異なることに留意が必要です。

とではありません。よって、当該過年度から移行日までの累積的影響額※2については、2020年4月1日時点における開始財政状態計算書における利益剰余金を調整する形で計上することとなります。

しかし、IFRS初度適用企業については、一定の便宜が図られていて、**任意に選択すれば遡及適用が免除**されることとなっています。具体的には、IFRS移行日より前に行われた企業結合についてはIFRSを遡及適用しなくていいとか、IFRS移行日の在外子会社に係る為替換算調整勘定をゼロとする（利益剰余金に振り替える）ことができるといったものになります。

また、実務上の負担が大きいものとして、IFRS適用初年度には、**日本基準からIFRSへの移行が純資産と包括利益に与える影響を示す調整表の注記**というものがあります。具体的には、移行日（2020年4月1日）及び初度適用前年度末日（2021年3月31日）における日本基準ベースからIFRSベースの純資産（資本）への調整表、及び初度適用前年度（2020年4月1日〜2021年3月31日）の日本基準ベースからIFRSベースの包括利益への組替表を開示しなければなりません。

※2　54ページ参照

■会計上のメリットはのれんの非償却

再三申し上げている通り、ＩＦＲＳの会計上のメリットと言えば**「のれんの非償却」**ということになりましょう。ＩＦＲＳには**日本基準より厳しい減損テストがあるといっても、償却負担がなくなる**ということですから、（多少の語弊がありますが）会計上は儲かっている会社をＭ＆Ａすればするほど利益が増えていくという打ち出の小槌状態ができてしまうためです。

以上を総合的に勘案して、結局自社にとってＩＦＲＳを適用することをどう捉えるかということになります。仮に、自社の株主のほとんどが国内投資家で、かつ、ローカルな事業展開にとどまるものであったとしても、ＩＦＲＳが財務報告の質を向上させるために有意義なものであるならば、投資家にとっての有用性にもつながるため、第1章で触れたようにそれは資本コストの低下を招き、企業価値を向上させるという結果にもつながることとなるわけです。

終章　エピローグ

■企業価値に直結する「分配可能額」

ここまで、取締役会の議題にものぼり、かつ企業価値に多大なる影響を及ぼすほどの会計・ファイナンスの重要項目についてみてきました。ただ、これらには一貫性がないといいますか、私も筆を進めている間は特につながりのなさそうな6項目をそれぞれ章立てして書き進めていました。しかし、振り返ってみると一見とりとめのない6項目に共通する、**横串となるものが純資産の部**であり、その純資産の部で計上されている「その他資本剰余金＋その他利益剰余金」[※1]に一定の調整を加えて算出する**分配可能額の計算が縦串**となるような連関がそこにはあるのではないかと気が付きました。

第1章のROEはいうまでもなく純資産の部における自己資本を基礎とするもので、新株予約権は第3章、非支配株主持分は第4章にて登場しました。第6章のIFRSでは、リサイクリングの話を取り上げましたが、これはその他の包括利益累計額（AOCI）におけるものでした。それに対して、第5章で触れた「のれん」については分配可能額の計算上、実態のない資産ということで一定の調整が加わることになりますが、一方、第2章で解説した繰延税金資産についても特に実体のない資産であるにもかかわらず、分配規制が課されていないために、以前よりその是非については懐疑的な見方をされているところです。

※1　その他資本剰余金は、主に資本金や資本準備金の減少差益や自己株式処分差益、子会社株式の追加取得による持分変動差額、さらに合併等の組織再編における払込資本のうち資本金または資本準備金とされなかった部分によって構成されます。

	資産の部		負債の部		
	⋮		⋮		
			負債合計	1,000	
			純資産の部		
第5章	のれん	400	株主資本		
第2章	繰延税金資産	300	資本金	100	
	⋮		資本準備金	80	(注1)
			その他資本剰余金	50	(注1)
			利益準備金	10	(注1)
			その他利益剰余金	220	(注1)
			自己株式	-30	
第1章	自己資本		株主資本合計	430	
			その他の包括利益累計額		第6章
			その他有価証券評価差額金	-10	
			為替換算調整勘定	50	
			退職給付に係る調整累計額	20	
			その他の包括利益累計額合計	60	
			新株予約権	1	第3章
			非支配株主持分	9	第4章
			純資産合計（注2）	500	
	資産合計	1,500	負債・純資産合計	1,500	

（注1）個別財務諸表における表示で、連結財務諸表では「資本剰余金」または「利益剰余金」として表示されます。

（注2）純資産の部には、株主資本と株主資本以外の項目（その他の包括利益累計額、新株予約権、非支配株主持分）が記載されます。

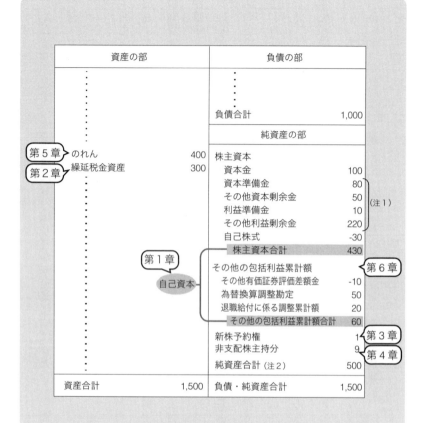

分配可能額[※2]についていえば、単に債権者への支払いを確保するという観点から定められているものにすぎないものですが、本来の目的は、会社の利益のうちどの程度を株主に分配できるものなのかを算出するということであり、その意味では株主にとっての関心事でもありますから、これもまた企業価値を構成する一つであるともいえそうです。

■分配可能額の計算方法

分配可能額について、ここでさらっと触れておきます。会社法においては、債権者保護の観点から、剰余金の配当は会社財産の流出を伴うことからも、交付する金銭等の帳簿価額の総額は配当の効力発生日における分配可能額を超えてはならないとされています。ここで、図Eをもとに実際の分配可能額を算出してみますが、これは連結ベースの貸借対照表になっているのはあくまで説明の便宜のためであり、実際は単体ベース[※1]の貸借対照表上の金額で計算されることに注意が必要です。

まず、その他資本剰余金50とその他利益剰余金220の合計270がベースとなりますが、これに自己株式の帳簿価額30を控除し、また、その他有価証券評価額がマイナスであった場合は控除することになるので、ここでは10を控除します。そして、のれん等[※2]調整額といってのれんの2分の1の金額である200が資本金＋資本準備金である

※2　分配可能額を超える配当を行った場合（違法配当）は、取締役等は弁済責任を負うほか、違法配当により欠損が生じた場合には欠損填補責任を負うこととなります。

※1　あくまで任意での適用ではありますが、連結配当規制というのがあります。これは、例えば子会社で利益剰余金がマイナスであるなど、単体ベースにおける分配可能額よりも連結ベースの分配可能額の方が少ないといった場合は、連結ベースのもので分配可能額を算出するというものです。

※2　のれん等調整額については「のれんの2分の1」で算出され、仮にこの金額が資本金＋資本準備金＋その他資本剰余金の金額を超えた場合は、その他資本剰余金の金額（50）が控除額となります。

180を上回る金額(20)について、これも控除の対象とします。

よって、ここでの分配可能額は 270－30－10－20＝210 となります。ただ、よくみていただきたいのですが、純資産が500であるのに対して、一種の擬制資産である「のれん」と繰延税金資産の合計で700あり、これだけの純資産の金額を超過するにも関わらず、分配可能額は210あるという点です。すなわち、のれん380(＝400－20)と繰延税金資産300は配当財源としての資金的裏付けは「ある」という前提になっているわけです。こういったことからも、第2章における会計上の見積りにおける回収可能性の検討というのは非常に重要であるということがわかります。

■外部要因で大幅に変化するROEは万能な指標といえるか

最後になりますが、純資産として計上されているものの内訳を見ていただくと、株主資本として計上されている430とその他の包括利益累計額の60を合わせた490が自己資本となります。ですので、子会社の資本のうち親会社には帰属しない持分である非支配株主持分と、株主とは異なる新株予約権者との直接的な取引によるものである新株予約権については、ROEの計算上は分母に含まれないこととなります。

ここで、その他の包括利益累計額という経営においてコントロール不能な数値が自己

※ 個別貸借対照表では、その他の包括利益累計額ではなく評価・換算差額等になります。

資本の構成要素になってしまっていますが、本来のＲＯＥというのは投資効率を測る指標ですから、株主からの払込資本と当期純利益とを対応させるべきであるともいえます。

その他の包括利益累計額の内訳であるその他有価証券評価差額金についていえば、単なる持合株式など長期保有株式の含み損益ですし、為替換算調整勘定は在外子会社の外貨建て財務諸表を決算時の為替相場で換算した時の換算差額、退職給付に係る調整累計額については、２１９ページでみたように未認識の数理計算上の差異になります。このような性質のものをＲＯＥの分母として当期純利益と対応させることが果たして適切であるといえるのかということです。

同じ当期純利益の金額であっても、例えば米国の利上げにより円安が大幅に進んだとか、日銀による株式買い支えにより株式市場が好調であるという外部環境によってＲＯＥの数値が悪くなるということが起こり得ます。役員が株主や投資家にコミットさせられているＲＯＥといったものが、本業とは関係ないところで不可抗力的に変動するような指標であるという点についてもしっかりと頭に入れておきたいところです。

おわりに

いわずもがな取締役は会社に対して善管注意義務・忠実義務といった法的義務を負っています。さはさりながら、「経営判断の原則」といって、経営にはリスクはつきものであるから経営判断のミスによって会社に損害を与えたとしても、役員は責任を問われないというものもあります。ただし、その条件として十分慎重に意思決定した場合、すなわち十分な審議というものが前提にあります。

要するに、十分な事前検討を踏まえて、意思決定にあたり過不足のない情報が執行側から提示され、これに基づいて十分に時間をかけた適切な審議がなされたといった場合には、仮に予期しなかった外部環境の悪化によって会社に損害をもたらしたとしても、決議に参加した役員の責任が否定されるというものです。

慎重かつ適切なものであることが要求される審議ですが、その参加者である役員メンバーの中には、会計音痴であったりファイナンスの素人が混ざっていることは、むしろどこの会社でもあることといえます。よって、仮にその会社で不正会計事件が起こったとしても、当該役員はそもそも会計スキルを持ち合わせていることは要求されていないことの結果として責任を回避できる可能性は高いでしょう。

しかし、CGコードにあるような、会社の持続的成長や中長期的な企業価値の向上のために、会計やファイナンスが無知である役員がより実効的な役割を果たすことができるかというと甚だ疑問であって、これでは株主の負託に応えることなどできないのではないでしょうか。このように、この役員の法的義務・責任といったものと、実際に求められている役割といったところとの乖離が生じているというのがここ近年の流れではないかと思います。

その隙間を埋めるのがまさに本書ですといえば聞こえはいいですが、取締役会において業務執行に関する意思決定を行うにしても、他の職務執行に関する監視・監督機能を発揮するにしても、会計やファイナンスは自分の担当外の分野だと最初から決めつけてしまって、そこには一切口出ししないという取締役会という場における暗黙の空気感があるとしたら、それは流石に求められている役割を果たせていないですよという、いわば警鐘を鳴らすくらいの意味合いにはなるでしょうか。

成果の発現には中長期的観点から考える必要がある研究開発費は、会計的には支出時に費用処理が要求されていることを考えると、短期的な指標であるＲＯＥを追求しようとすることは、このような長期的企業価値の源泉となり得る(人的)投資や施策を犠牲にする誘因が隠されているということがわかります。また(本来的には)超長期的な施策ともいえるＥＳＧは、本質的にＲＯＥとは相容れないものであるということもご理解いただけたかと思います。これは、昨今いわれている、企業は非物質的無形資産を創出せよということとも表裏一体です。

ただ、これらのどれも会社においては同時並行的に追求すべきものであり、そう考えるとこれからの企業経営においてはより一層時間軸のマネジメントが必要になってくることでしょう。近視眼に陥ることなく、かといって長期的施策ばかりに偏ることもないといったバランス感覚を持ち、ＲＯＥのような功利主義とＥＳＧのような持続可能性とをいかに弁証法的にマネジメントしていくかといったことが、これからより一段と企業価値を向上させていくためには不可欠なものになったということです。

本書において、会計やファイナンスについて、専門用語などでつまずくことのないようにと、とりとめのないくだけた文体でもって読者の皆様にお伝えするのは、少々気が引けましたし、また非常に勇気がいる作業ではありました。ただ、それでもお時間がない中でも読んでいただけるように、また少しでも会計に興味を持っていただけるようにできるだけストーリーとして書き綴ったつもりです。

読者の中には、自身の管掌業務に関連する議題・議案にしか興味がない方もいらっしゃるかと存じます。会計という視座からも適時適切な発言を行うことによって、取締役会における議論の精度が向上し、活発な審議（ディスカッション）が促され、適切な意思決定がなされるというものです。会計は、会社の業務全般に共通する言語であるため、一見、取締役会におけるテーマに結びつかないように思えるかもしれませんが、実は企業価値形成にとって非常に重要なものなのです。

上場会社における重要な統治機関の一翼を担う個々の取締役や監査役の意識の高低の如何によって、その会社の取締役会の機能における実効性が決まるといっても過言ではありません。経理財務部で決められ、作成されたものをそのまま追認するだけの取締役会の役割はとっくに終わっています。本書によって財務やその土台である会計の本質を理解し、また、会計という側面から議論に光をあてることによって、上場会社の各社がより実りある取締役会となることを期待しつつ、筆をおきたいと思います。

なお、本書の出版に当たり、種々のアドバイスや叱咤激励をいただいた吉富智子部長には心より感謝致します。各章におけるイントロダクションのアイデアはまさに吉冨部長によるものであり、最初は気乗りしなかった自分に奮起を促してくれ、終わってみれば本書を最も特徴付けるものとなりました。また、ちょうど一年前に株式会社資生堂の副社長を退任された島谷庸一様には、あまりに専門的な話に傾きすぎて難解なものになってしまってはいないか、といった観点から本書を全体的に確認いただきました。長年、執行の立場から会計やファイナンスといったものに対峙してこられたご経験からも、所々に有用なご助言を頂戴しました。

このお二人には、重ね重ね御礼申し上げます。

2022年6月　所沢行きの電車の車窓から、梅雨に見放された紫陽花を眺めながら

公認会計士・税理士

尾中直也

主な参考文献

柳　良平　他　『ＲＯＥを超える企業価値創造』　日本経済新聞出版
伊藤　邦雄　『新・現代会計入門 第４版』　日本経済新聞出版
佐和　周　『財務数値への影響がわかるケース１００』　中央経済社
山地　範明　『エッセンシャル連結会計』　中央経済社
岡　俊子　『図解&ストーリー「資本コスト」入門〈改訂版〉』　中央経済社
あずさ監査法人ＩＦＲＳアドバイザリー室　『すらすら図解　新ＩＦＲＳのしくみ』　中央経済社
大津　広一　『ビジネススクールで身につける会計×戦略思考』　日本経済新聞出版
長谷川　茂男　『ＩＦＲＳ財務諸表への組替仕訳ハンドブック』　中央経済社
長谷川　茂男　『ＩＦＲＳ財務諸表の読み方ガイドブック』　中央経済社
中野　貴之　『ＩＦＲＳ適用の知見―主要諸国と日本における強制適用・任意適用の分析』　同文館出版
福留　聡　『ステップ式　７つのテーマでわかる　ＩＦＲＳ実務ガイドブック』　税務経理協会
武田　雄治　他　『先行開示事例から学び取るＩＦＲＳ導入プロジェクトの実務』　中央経済社
秋葉　賢一　『エッセンシャルＩＦＲＳ〈第６版〉』　中央経済社

安岡 孝司 『企業不正の調査報告書を読む』 日経ＢＰ
太田 達也 『２０２１年 株主総会質疑応答集 財務政策』 ロギカ書房
あずさ監査法人 『こんなときどうする？「会計上の見積り」の実務（第2版）』 中央経済社
株式会社プルータス・コンサルティング 『新株予約権等・種類株式の発行戦略と評価』 中央経済社
長谷川 俊明 『海外子会社のリスク管理と監査実務』 中央経済社
毛利 正人 『図解 海外子会社マネジメント入門』 東洋経済新報社
有限責任監査法人トーマツ 『組織再編会計ハンドブック』 中央経済社
㈱ディスクロージャー&ＩＲ総合研究所 『有価証券報告書の作成ガイドブック』 中央経済社
ＥＹ新日本有限責任監査法人 『経営判断に役立つガイドブック』 同文舘出版
中村 直人 他 『実践取締役会改革』 中央経済社
武井 一浩 『コーポレートガバナンス・コードの実践 第3版』 日経ＢＰ

ウェブサイト上で解説する記事も多数あり、それらも参考にさせていただきました。

[著者プロフィール]

尾中　直也（おなか・なおや）
公認会計士・税理士
尾中直也公認会計士事務所所長
慶応義塾大学経済学部卒。株式会社ボードルア 社外監査役、サウンドウェーブイノベーション株式会社 社外監査役、株式会社レボルカ 社外監査役（全て現任）。著書に「エシカルな決算書のすゝめ」（青月社）がある。渋谷の某炭火焼肉店には週２で通うほどの偏食っぷり。

著者との契約により検印省略

令和４年７月20日　初版発行

取締役会での議論に使える
会計・ファイナンス
取締役・監査役のための実践的な基礎知識

著者	尾中直也
発行者	大坪克行
印刷所	岩岡印刷株式会社
製本所	牧製本印刷株式会社

発行所　〒161-0033 東京都新宿区下落合２丁目５番13号　株式会社 税務経理協会
振替 00190-2-187408　電話 (03)3953-3301（編集部）
FAX (03)3565-3391　(03)3953-3325（営業部）
URL http://www.zeikei.co.jp/
乱丁・落丁の場合は，お取替えいたします。

ISBN978-4-419-06867-7　C3034